跨境电商亚马逊
深度选品思维解析

黄廷瑞 著

华中科技大学出版社
http://press.hust.edu.cn
中国·武汉

图书在版编目(CIP)数据

跨境电商亚马逊深度选品思维解析/黄廷瑞著.—武汉:华中科技大学出版社,2023.7
(2025.4重印)

ISBN 978-7-5680-9446-7

Ⅰ.①跨… Ⅱ.①黄… Ⅲ.①电子商务－商业企业管理－美国 Ⅳ.①F737.124.6

中国国家版本馆 CIP 数据核字(2023)第 107295 号

跨境电商亚马逊深度选品思维解析
Kuajing Dianshang Yamaxun Shendu Xuanpin Siwei Jiexi　　　　　　　黄廷瑞　著

策划编辑：易彩萍

责任编辑：周怡露

封面设计：黄廷瑞

责任校对：刘　竣

责任监印：朱　玢

出版发行：华中科技大学出版社(中国·武汉)　　电话：(027)81321913
　　　　　武汉市东湖新技术开发区华工科技园　　邮编：430223

录　　排：华中科技大学惠友文印中心

印　　刷：湖北金港彩印有限公司

开　　本：710mm×1000mm　1/16

印　　张：14

字　　数：251 千字

版　　次：2025 年 4 月第 1 版第 3 次印刷

定　　价：88.00 元

本书若有印装质量问题，请向出版社营销中心调换
全国免费服务热线：400-6679-118　竭诚为您服务
版权所有　侵权必究

在跨境电商选品中，成功取决于卓越选品，而卓越选品则源于独特思维的引领。

——黄廷瑞

跨境电商亚马逊官方卖家代表，多款单品百万美元卖家。常年旅居欧美亚，对跨境市场有深入了解，并擅长跨境选品研究，能够准确把握市场趋势和消费者需求；同时对产品设计有独特见解，多次荣获德国红点设计等大奖，担任多家跨境服务机构的培训导师，分享经验和技巧，帮助其他卖家提升业务水平。

自序

自加入 WTO 之后，中国加速融入全球贸易体系。经过这些年的发展，中国成为世界最大的出口贸易国和生产国，全球超过 30% 的产品都在中国生产，特别是在亚马逊平台，2021 年有超过四分之三的产品来自中国，中国的完整供应链生产制造在全世界的优势短时间无法被超越。

最近几年我见证了很多人迈进亚马逊跨境电商行业，在短时间内创造了非凡的成绩。两三人的团队通过一两年的努力就取得上百万美元的销售佳绩成为常态，各品类的亚马逊亿级卖家也如雨后春笋般不断涌现，一股抓住跨境电商红利快速致富的创业之风席卷全国。然而这两年许多大卖家因刷单账号被封、产品侵权、低价内卷，又遇上疫情、战争、能源危机等问题，各大巨头纷纷倒下，跨境电商的红利时期看似已走向了尾声。我亲身经历了跨境电商这么多年来的起起落落，曾经的很多卖家纷纷离场，那些还在坚持的卖家顿时感到迷惑，仿佛走到了十字路口，不知该往何处。然而你也有可能会发现某些跨境电商卖家虽经历了这些不安的因素或极其不稳定的环境后，业务却一直在增长。在过去的这几年，成功的卖家有其必然性和偶然性。在大浪淘沙后，跨境电商卖家们面临的挑战越来越多，他们已经进入一个精细化选品和运营的时代。许多卖家失败的因素有共性，如选品出了问题。

跨境电商亚马逊选品误区之一：思维逻辑的颠倒

中国跨境电商卖家在全球是极为勤劳的群体。无论春夏秋冬、节假日夜，卖家都在打包发货、回复客服邮件、调整广告等。但谈到产品利润和品牌影响，中国卖家却与欧美卖家差距甚远，因为薄利多销成了中国卖家的主流意识。这种以微利生存的产品工厂生产思维做品牌营销存在本质上的误区，大多数卖家只是为了卖货赚取微利，而忽视了产品的溢价空间是产品创新和品牌理念。要成为优质的卖家，只有摒弃浮躁的心态，沉下心来，认真思考如何为用户提供更多价值和输送情感，输出优秀的品牌理念，并具备精益求精的匠人精神，才能走得更长远。但很多卖家进入行业用产品微利获取市场，而忽略了情感的建设，只能停留在核心思维外部而无法更加深入。

跨境电商亚马逊选品误区之二：职业匠心的缺失

到现在还有亚马逊卖家随意采购产品放到平台上展示，期待能把产品"打爆"，但这种可能性为零。这几年跨境行业涌入了大量卖家，他们忽视对产品核心的理解，忘却了跨境电商的本质逻辑。众多的卖家前期投入大量的财力，用低价占领市场，获得最终的市场占比，但这种方式可能导致卖家以失败告终，不仅内卷了整个品类，消耗了钱财，更搭进了大量的时间精力。很多卖家发现平台卖货没有利润就直接放弃跨境电商或转战其他行业，坚持品牌理念和产品初衷的卖家少之又少。

我统计过亚马逊的上百款爆款产品，包括我经营过的产品，这些产品的价格不是最低的，甚至有些在同品类里价格最高，但销售量和受欢迎程度却排名最靠前，为什么？

同样我相信众多卖家会有很多其他问题，特别是在选品板块，如：

"销售价格最低或产品成本最低不是最佳的销售和选品优势吗？"

"我选的产品成本已经很低了，产品的销售价格也是同类目最低的了，为什么还是卖不动？"

"我做的产品市场上竞争特别小，也是创新的产品，为什么销量很难提升？"

"我开发了与对手几乎一样的产品，但销量远远不如别人，为什么？"

这几年卖家们遇到了各种选品的疑惑，综合这些问题，我结合实际情况系统整理了跨境卖家们需了解的选品概况，也为部分卖家提出系统的解决方案，梳理了卖家的逻辑误区和本质问题；从选品逻辑分析、供应链如何整理、亚马逊类目分析、单品数据分析等方面对跨境电商亚马逊选品进行全方位的介绍，并且通过案例得到了充分论证。

随着全球越来越一体化，未来十年的跨境电商将会进一步发展。根据 Ameco Research 的数据，到 2030 年，全球 B2C(business to customer，商对客) 电子商务市场规模预计将达到 15 万亿美元，预计复合年增长率将超过 13%。未来随着人工智能不断迭代，3D 展示的升级，物流的完善，商业环境的提高，供应链越来越多样性，各项科技的发展，全球跨境电商会越来越多样，只要我们坚持在这条路上，坚持做正确的事，就一定能把握机会。

黄廷瑞

2023 年 2 月 30 日

目录 CONTENTS

01 如何认识跨境电商
1.1 全球未来贸易趋势 2
1.2 全球各区域的电商特点 3

02 亚马逊选品入门须知
2.1 跨境选品具备的基本条件 14
2.2 跨境选品需了解的渠道平台 17

03 亚马逊选品初期三部曲
3.1 类目分析 20
3.2 关键词分析 22
3.3 趋势分析 25

04 新品开发逻辑思维简析
4.1 供应链产业带分析 36
4.2 亚马逊常规选品思维解析 73
4.3 品牌新品开发逆向思维 83
4.4 如何计算产品的成本及毛利 104

05 新品如何从 0 到 1 开发供应链

5.1 亚马逊选品原则　　　　　　　　　108
5.2 供应链开发过程解析　　　　　　　110

06 亚马逊产品开发的十二要素

6.1 规模大小找定位选品　　　　　　　122
6.2 货物体积定位选品　　　　　　　　123
6.3 产品价位选品　　　　　　　　　　126
6.4 市场容量定位选品　　　　　　　　128
6.5 评论数量选类目　　　　　　　　　132
6.6 类目评分选品　　　　　　　　　　134
6.7 常规季节选品　　　　　　　　　　135
6.8 技术门槛定位选品　　　　　　　　137
6.9 存量增量趋势选品　　　　　　　　139
6.10 冷热市场定位选品　　　　　　　 143
6.11 差异化创新选品　　　　　　　　 145
6.12 发货属性选品　　　　　　　　　 150

07 产品如何建立市场优势

7.1 产品设计要素　　　　　　　　　　156
7.2 供应链壁垒要素　　　　　　　　　159
7.3 知识产权要素　　　　　　　　　　160
7.4 行业壁垒要素　　　　　　　　　　173
7.5 营销框架要素　　　　　　　　　　175

08 选品的六大其他灵感来源

8.1	榜单选品法	178
8.2	节假日选品法	181
8.3	传统外贸	184
8.4	社交媒体	185
8.5	选品软件	193
8.6	新品众筹	196
8.7	全球展会	197

09 选品的其他注意事项

9.1	受限产品	200
9.2	关于电池的产品	203
9.3	关于需要 FDA 认证的相关产品	209
9.4	家居用品品类合规认证	212

第 1 章

如何认识跨境电商

1.1 全球未来贸易趋势

"跨境电商"是21世纪初开始流行的词。它的本质,可以理解为全球贸易。在当今的互联网时代,我们有了更多元的方式进行全球贸易。如何理解跨境电商?跨境电商是指分属不同国境的交易主体,通过电子商务平台达成交易、进行支付结算,并通过跨境物流运送商品、完成交易。如果想从事跨境行业或者正在从事跨境行业,就有必要回顾全球贸易历史,分析全球贸易的未来,多方位、多角度思考国际贸易是从何时开始兴起的,国际贸易如何带来全球化,未来会走向何方。

在历史的记载中,公元前1世纪,来自中国的物品开始出现在亚欧大陆的罗马。中国的货物经阿富汗、伊朗、伊拉克、叙利亚等地,辗转各国到达欧洲(图1-1)。当时亚欧大陆之间进行贸易的主要货物是丝绸、香料、金银器皿、青铜铁器等。那个时候做跨境贸易选品也很重要,当时丝绸是西方人前所未见的产品,所以丝绸就成为西方人的奢侈品。对外贸易给中国带来巨大收益。这就是早期做跨境选品的重要性,靠的就是产品的稀缺性。

图1-1 丝绸之路的兴起

亚欧大陆之间的贸易存在着大量的中间商,全球贸易的链接由此建立。对于贸易的参与者来说,这是致富关键所在:最终的卖出价和最初的买入价相差数十倍。自丝绸之路后,7—15世纪的香料之路,15—18世纪的地理大发现时代,直到19世纪全球化的第一波浪潮迎来人类历史以来全球贸易的高潮。第二次世界大战结束之后的前几十年中,欧盟以及其他由美国主导的自由贸易集团是国际贸易增长的主要动体,全球化的影响力无处不在。世界各国加入WTO自由贸易协定,2001年中国加入了世贸组织,开始成为"世界工厂"。当世贸组织出现后,美国成为主导,但其他国家也能从中受益。与此同时,第三次工业革命后,互联网的出现将全世界的人们更加直接、快速地连接在一起。互联网能让全球价值链整合到一起,企业可以在A国完成研发设计,在B国进口原材料,在C国完成生产,又在别的国家完成销售。跨境电商使得全球一体化又向前迈进了一步。21世纪初,全球出口贸易占全球GDP的25%。成千上万的人通过全球贸易获得了巨大财富,中产阶级空前壮大。新的全球化浪潮中,互联网成为全球贸易最重要的构成基础。现在随着全球电子商务、区块链等技术的出现,数字经济已经成为全球化的重要力量,全球贸易达到了人类历史以来前所未有的新高度。

全球贸易在2021年创下28.5万亿美元的历史新高(数据来源:联合国贸易和发展会议),随着以区域化、服务贸易、创新和可持续贸易为主导的多边主义新时代的来临,预计今后数年虽然世界经济增速放缓,但全球贸易仍将稳步增长。

1.2　全球各区域的电商特点

2021年,全球电子商务销售额达到4.9万亿美元。在全球各国的电子商务市场中,中国在全球电子商务规模和销售额中占据最大的份额,达到了52.1%,电子商务销售额达到2.7793万亿美元。2021年美国电子商务市场规模为8431.5亿美元。继中国和美国后,电子商务市场规模第三大的国家是英国。英国的电子商务总销售额从2020年的1803.9亿美元至2021年的1690.2亿美元,下降6.3%。另外两个亚洲国家也在电子商务市场跻身前五名:日本增长2.0%,电子商务销售额达到1440.8亿美元,而韩国增长9.0%,升至1205.6亿美元(图1-2)。亚太地区占比就达62.6%,这正好反映了亚洲以外的电商潜力巨大,跨境电商的未来宽广无限。eMarketer发布公告称,全球电子商务在零售额中的份额将继续增长。预计2023年电子商务销售额将占全球零售总额的20.8%。

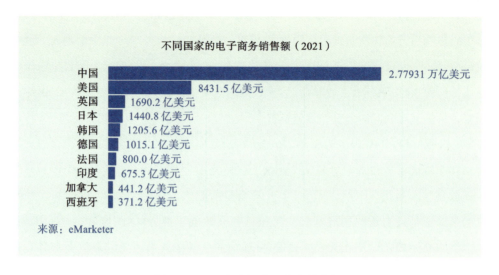

图 1-2　2021 年各国电子商务销售额

1.2.1　北美市场

北美一共有23个国家和13个地区，主要的国家有美国、加拿大、墨西哥。其中美国是全球电子商务发展最早的国家，其人均GDP超过了欧洲，是全世界最发达的地区。北美市场是中国跨境电商出口的主要市场，其中美国是主要的电子商务市场，特别是亚马逊，亚马逊2021年净销售额超过4690亿美元，截至2022年6月30日，亚马逊在美国拥有约1.72亿Prime会员，占美国人口的52%，同时亚马逊是美国最大的电商平台。根据eMarketer的数据统计，2021年亚马逊(美国站)占据了美国电商销售总额的41.4%，鉴于亚马逊平台有60%的销售额来自第三方卖家，所以，亚马逊美国站第三方卖家在美国电商市场的占据了25%的份额，由此可见为什么那么多人做跨境电商首选亚马逊。

北美主要电商市场是美国和加拿大。

消费特征：美国人注重活在当下，享受生活，极少储蓄，经常透支消费，由于美国有大量移民，他们有不同文化习俗和信仰，对新事物的接受程度是很高的，所以市场上出现新品，如果质量不错，也确实是他们需要的产品，那他们会记住这个品牌，消费并重复购买，并推荐给别人。

美国非常重视商标和专利等知识产权的问题，所以卖家在选品的时候首先应查询产品是否拥有产品专利,不要做违规的产品。

1.2.2 南美市场

南美共有哥伦比亚、委内瑞拉、厄瓜多尔、秘鲁、圭亚那、苏里南、巴西、玻利维亚、智利、巴拉圭、乌拉圭、阿根廷12个独立国家和法属圭亚那、马尔维纳斯群岛2个地区,总人口在5.7亿。由于大部分属于发展中国家,是跨境电商的一个新兴市场。随着当地互联网普及程度的日益提高,南美的跨境消费群体也在不断增长,部分南美消费者的消费能力并不差,南美人受北美人的影响,也不倾向于储蓄。目前南美洲跨境电商面临的最大问题是物流系统,就算是最大的国家巴西,也只是主要的物流道路比较完善,支干物流道路非常差。

南美电商市场主要有巴西、阿根廷、智利、秘鲁。

消费特征:南美市场主要在巴西,消费人群主要是年轻人,所以价格便宜且款式潮流最重要。他们也钟爱美国乡村和简约风格,喜欢比较紧身且显身材的服装,喜欢夸张、颜色丰富的配饰。根据相关数据调查,巴西人对手机和平板电脑的需求量相对较大。

1.2.3 英国市场

英国是世界主要的贸易国家之一,2020年人口统计6722万,英国是全球第三大电子商务市场,网上零售额达到1420亿美元,仅次于中国和美国。英国的网购人数比例高达95%,人均网购消费额也为欧洲最高。2021年英国有91%的网购者使用过亚马逊平台,2021年亚马逊在英国的销售额达到236亿英镑。第二是eBay,网购者的比例达到63%。第三是Wish,11%的网购者使用过该平台线上购物。英国电商的发展得益于英国公众上网率的提高和上网条件的改善,英国比欧洲其他多数国家更有竞争力。英国正式"脱欧"之后,英国政府发布了新的VAT(增值税,value added tax)政策,结束了英国和欧盟其他国家之间的自由流通,开始征收VAT,对中国的亚马逊卖家造成了很大影响,因为在亚马逊库存销售的所有产品都必须缴纳VAT,而且是亚马逊平台直接代扣,这无疑增加了更多成本。如果中国卖家忽视英国的税务法规或者应对处理不当,将会面临巨大的经营和法律风险。卖家没能按照税务规定提供准确的报关信息,并及时缴纳VAT,寄出的货物就极有可能被海关边境拦截,导致货物延迟派送,或被退回,甚至丢失,势必会影响客户订单的正常履约,对店铺绩效造成恶劣影响。卖家甚至有可能因未如实申报税务而承担附带的法律责任等。因此,中国的跨境卖家务必要认真学习英国 VAT 规则,谨慎处理税务问题,在合法合规的情况下经营店铺。

消费特征:英国人的绅士风度决定了消费的特点。英国人特别看重礼仪,追求产品质量和细节。除了电子产品,英国人最喜欢网购的产品是衣物和运动装备,而只有不到十分之一的消费者会选择在线购买自行车、摩托车和汽车等交通工具。过去三年,英国消费者最青睐的中国制造产品类前三分别是假发、女装和珠宝。中国跨境电商卖家应根据英国人的特点及消费特征进行本地化运营,同时了解英国的历史和节日,策划相应的活动,或许会收到意想不到的效果。

1.2.4 法国市场

法国是世界贸易进出口第五大国,2020 年人口统计 6739 万。跨境电商平台亚马逊在法国所占的市场份额比较大,2021 年占总市场份额的 22%。其次是 Cdiscount,这是法国本土最大的电子商务平台,销售额约为亚马逊的三分之二。

消费特征:网上购物的客户群主要集中在 20~40 岁,女性客户多于男性客户,由于法国旅游业很发达,所以很多消费者购买的产品与旅游、文化和服务有关。除此之外,主要的类目还有电子、服装、美容类的产品。特别是在 11 月和 12 月,圣诞节前后,是电商销售最火热的时间段,通常 63% 的法国人会在这个时间段在网上购物。由于很多法国人不会英文,图片应配上法语文案。在法国,银行卡支付是主流的在线支付方式,其次是 PayPal,其他的支付方式较少。

1.2.5 德国市场

德国是欧洲第二大电商市场,同时也是世界前十大电商市场。2020 年人口统计 8324 万,总人口位列欧洲第二,仅次于俄罗斯。2021 年亚马逊德国站销售额 316 亿欧元,与 2020 年相比,增加了将近 60 亿欧元,增长幅度达到 22%,超过亚马逊英国站。无论是在线买家数量,还是买家人均年消费,德国的排名都高于欧洲的平均水平。2020 年亚马逊德国站的销售额至少是德国第二大电商平台的 3 倍。亚马逊德国站每月访问量都在 5 亿以上。为了减少大量废旧外包装及其对环境的影响,《德国包装法》自 2019 年起在德国生效。根据《德国包装法》规定,将商品投入德国市场流通的国内外零售商都必须为其外包装申请授权许可并缴纳许可费。许可费用于二元制回收系统,将废旧包装材料进行专业回收处理。

消费特征:德国人的消费观念相对理性,购买奢侈品的人比较少,对物质的需求不高。他们更注重生活品质,非常喜欢户外活动。德国人具有严谨及专业的精神,出现了许多世界品牌,比如宝马、奔驰、奥迪、保时捷等影响全球的汽车品牌。由此可见,如果卖家想做德国市场,产品一定要精益求精。根据众多跨境卖家经验,亚马逊德国站相比其他任何站点,退货率是全球最高的。此外,德国人很看重节日,每当重大节日时他们都会互赠礼物,借此联络感情。德国人对时尚和服装、电子产品和书籍等品类需求大。

1.2.6 俄罗斯市场

俄罗斯 2020 年人口统计 1.441 亿,网购用户已超过 3000 万,2021 年俄罗斯网上零售市场总额高达 250 亿美元。与欧洲和亚洲国家相比,俄罗斯的互联网零售业进程约落后其他国家 5 年,电子商务的普及率不足 10%,所以俄罗斯电子商务未来增长不容小觑,发展潜力非常可观。俄罗斯最大的在线零售商 Wildberries 2021 年营业额同期增长 93%,达 8440 亿卢布(115 亿美元),Ozon 的商品 GMV 在 2021 年超过 4450 亿卢布(60 亿美元),位居第二;排名第三的是速卖通,营业额达 3060 亿卢布(42 亿美元),见图 1-3。

俄罗斯电商平台2021年重要指标					
平台	营业额/亿卢布	营业额增长率	订单量/亿	活跃用户数	卖家数量
Wildberries	8440	93%	8.086	1.13亿	50万
Ozon	4450	125%	2.2	2500万	/
速卖通	3060	46%	3.09	2870万	40万

图 1-3 俄罗斯电商平台数据

消费特征:俄罗斯国内供应链生产比例严重失衡,导致俄罗斯对日常消费品的进口需求很大,其中包括服装、鞋子、电子产品、配饰等。由于俄罗斯地处西伯利亚地区,温差大,寒冬的衣帽、手套、围巾、大衣等是非常热销的类目产品。俄罗斯人身材高大,大码服装需求量大;超过一半的网购者年龄在 25~35 岁,半数以上是女性。俄罗斯消费者选择网购最重要的因素是价格,平均订单价值不超过30美元。其次是便利性和交货的速度、商品的质量、选择的多样性。其中最大的挑战还是俄罗斯的物流。俄罗斯疆域辽阔,地广人稀,城镇较为分散,一些村庄距离最近的城市有上百千米。基础设施不足直接导致了在线订单的交付成为俄罗斯电子商务中的薄弱环节。俄罗斯小包的时效在20～30天,小城市的订单交付往往都需要数周甚至数月的时间。

1.2.7 日本市场

日本是全球第三大经济体,同时是亚洲第二、全世界第四大电商市场。2020年人口统计1.258亿,2021年电商销售额达1120亿美元,对外贸易总额占GDP总量的36.8%。日本的互联网普及率高达93%,82%的日本人为网购消费者,日本网络覆盖率高,移动端购物成主流。日本大部分的消费者会选择在亚马逊电商平台购物,少部分会在谷歌等其他平台搜索。日本网上购物的支付方式主要为信用卡和网银,目前使用手机网购已成主流。

消费特征:由于日本老龄化严重,老年群体消费者相对其他国家明显增多。58%的老龄族(55岁以上)都有网购行为,选择网购的主要原因就是便利。由于老龄化,87%的日本消费者愿意支付更高的价格购买使用寿命更长的产品。日本是个电子大国,电子3C类、电脑周边类、小家电及收纳产品很受欢迎,玩具、DIY产品、食品及个人护理、时尚用品也较受欢迎。日本对产品的细节要求比较高,所以卖家要特别注重品质,同时受季节和天气环境的影响,雨靴、雨衣、防灾用品也会比较多。日本热衷西方节日,节日类产品需求大。

1.2.8 韩国市场

韩国2020年人口统计5178万,是世界第五大电子商务市场,在全球也是首批推出商用5G网络服务的国家,网购非常发达,普及率达80%。韩国电商市场非常多样化和分散,韩国网购者使用最多的电商平台是Coupang及其旗下的CoupangEats,其次是Naver、新世界及其收购的eBay韩国、BaedalMinjok和11Street。

消费特征:韩国女性人口在2500万以上,是跨境网购消费的主要群体,女性服装、美妆、饰品等都是很受欢迎的产品。韩国人在线支付主要是卡,在线购物的信用卡渗透率接近60%,白领人均持有3.9张信用卡。时尚是韩国最大的细分市场,所以服装是韩国最大的类目,其次是杂货类产品、电子产品、健康美容产品、家具、玩具、食物、饮料等。2021年韩国有超过4600万社交媒体用户,社交媒体用户数量超过了总人口的90%。所以卖家应更多关注韩国社交媒体的信息,大部分韩国消费者在做出购买决定之前会通过社交媒体资源获取信息。

1.2.9 印度市场

印度2020年人口统计13.8亿,互联网用户数量已达到3亿,但在线购物的比例还不到1%,目前还处在起步期。2022年电商总额达到800亿美元,仅次于中国(27847.4亿美元)、日本(1687亿美元)和韩国(1429.2亿美元)。亚马逊是印度最大的电商平台,每月访问量为3.23亿。但是,在亚马逊全球站点中,亚马逊印度站的流量仅排名第五,占全球总数的6%。这说明印度电商总体渗透率较低,这个与印度当地物流和种姓、语言问题有很大关系。电子商务只占印度零售总额的一小部分。目前印度电商网购者集中在一线城市,女性和农村消费者崛起是印度未来电商走向的关键。

消费特征:印度45岁以上的网购者占印度购物者的三分之一。印度女性消费者正在迅速增加,她们已经占该国购物者的43%,移动设备、电子产品和时尚是消费最大的品类。但近两年,食品、快速消费品、美容和个人护理类别的销售额迅速增长。据预测,到2030年,时尚、食品和快消品将占电子零售市场的近一半,而目前这一比例刚刚超过30%。

1.2.10 东南亚市场

东南亚由越南、老挝、泰国、缅甸、文莱、菲律宾、柬埔寨、新加坡、马来西亚、印度尼西亚10个国家组成,有6个主要经济体(越南、泰国、菲律宾、马来西亚、新加坡和印度尼西亚)。根据2020年人口统计,东南亚总人口约为5.89亿。2022年东南亚电子商务销售额达到896.7亿美元,自2020年以来,增加了7000万在线购物者。东南亚的互联网渗透率在2021年达到了75%,互联网用户总数达到4.4亿,人均上网时间最长。菲律宾每天人均上网10小时,位居全球第一。而在这些互联网用户中,每10个人里有8个人至少尝试过一次在线购买行为。东南亚在线购买产品或服务的消费者人数达到了3.5亿,电商市场巨大。东南亚人口众多,是典型的多语种区域,语种在10种以上,中国跨境电商卖家如果开拓东南亚市场,解决多语种的问题尤为重要。

消费特征:电子产品是东南亚各国的畅销品类,而其他普遍受欢迎的品类包括个人和家庭护理、家具和时尚类,高物流成本是东南亚跨境电商面临的最大挑战,其次是清关查验。消费者对品牌认知度低导致东南亚电商的产品利润比欧美国家普遍要低,高平台费用、营销困难也是中国跨境卖家需要面对的问题。

1.2.11 中东市场

中东西起摩洛哥,北至土耳其,南至索马里,其中有巴林、埃及、伊朗、伊拉克、以色列、约旦、科威特、黎巴嫩、阿曼、卡塔尔、沙特阿拉伯、叙利亚、阿拉伯联合酋长国(简称阿联酋)、也门、巴勒斯坦、塞浦路斯和土耳其等 25 个国家和地区,2020 年人口统计为 4.3 亿人。这些国家都有自己的语言、消费习惯、支付习惯,不管进入哪个市场,想要深耕,本地化是成功的关键。中东地区的电商市场虽然只占零售业市场份额的 2%,但在过去五年间实现了较快的增长,从 2015 年的 42 亿美元增长至 2020 年底的 220 亿美元,预计在 2022 年增长到 500 亿美元,市场潜力巨大。15~29 岁的人口占比 28%,人均年龄为 22 岁,低于全球人口平均年龄(28 岁)。年轻一代依赖网络及智能手机,电子商务增长完全在预料之中,而且中东人均财富全球最多。中东地区互联网使用率相当高,巴林互联网使用率就高达 99%,阿联酋互联网普及率高达 100%,位居世界第一。

主要电商市场:阿联酋、沙特阿拉伯、卡塔尔。

消费特征:中东很多国家都是产油国,很富裕,所以对网购相当有热情。中东很多家庭的架构大,比如沙特阿拉伯、阿联酋平均每个家庭超过 5 个人,对生活家居用品需求十分大,网购者人口结构年轻化,当日送达、实体体验、高效的退货处理等是网购者的重点关注点。由于中东国家众多,做中东地区跨境电商非常关键的就是本土化的物流和仓储,对退货需要有很高的把控,尤其是服装类目的卖家。中东的斋月、开斋节、"白色星期五"等节点是网购的重要时期。除此之外,还有各国的特色节日。时装类、消费电子类、家庭生活类是中东地区最热门的三大品类。

1.2.12 非洲市场

非洲共有 57 个国家和地区,2021 年非洲人口统计在 12.8 亿左右,电商用户数量为 3.34 亿。作为非洲经济体领跑者的尼日利亚,2021 年其电商用户数量达 7800 万,其次是南非,电商用户数量为2470万。非洲整体电商市场的渗透率为27.9%,不及中国的1/3。2021年非洲电商市场为378.8亿美元。在支付方面,现金是埃及、肯尼亚、摩洛哥在线支付的主要方式,即货到付款。尼日利亚、南非相对成熟,在线支付主要是卡支付,而且以卡支付是南非在线支付所占比例最高的一种支付方式。

主要电商市场:尼日利亚、南非。

消费特征:非洲本地商品中有90%来自中国,非洲消费者对互联网支付的安全性目前还持不信任的态度。在网购行为中,货到付款是非常普遍的支付方式。非洲的基础设施和物流网络等方面的建设还不是很完善,可选择的物流方式非常有限,这也是电商面临的一大难题。尼日利亚、埃及、肯尼亚的消费者在线上购买最多的是电子产品(例如电视、智能手机),其次是衣服、鞋子和家用设备。

第 2 章

亚马逊选品入门须知

2.1 跨境选品具备的基本条件

跨境成功的要素有很多,主要有产品、营销推广、物流。虽然三者缺一不可,但其中关键的要素就是产品,特别是在跨境亚马逊平台。卖家在亚马逊店铺推出新产品,平台会推送流量,如果卖家的产品符合消费者的需求,且被吸引并超出消费者预期,那这个产品就很容易成为爆品,所以跨境如何选品是亚马逊从业者的关键要素,也是核心要素。

那我们入手跨境选品要具备哪些条件呢?

2.1.1 熟悉销售市场的消费特征

首先,卖家先要了解各个国家人群的架构和消费习惯,可以简单地理解为人群的消费观。熟悉了各国的消费特征,才能明白如何给客户带来价值。给客户创造的价值越高,利润才会越大。

以厨刀为例,德国市场和日本市场有明显差异,见图2-1。欧美的厨刀功能已经划分得很细了,每把厨刀都有不同的用途。削皮刀和去骨刀功能非常明显,面包刀和牛排刀也是如此。除了轮廓,锻造刀具的钢材决定了它的用途。德国制造或日本制造的厨刀,两者之间的区别主要在于钢材硬度和刃角,这反过来又会随着耐用性和预期功能的不同而有所不同。由于锻造技术的不同,日本刀片比德国刀片含有更多的碳,使其更硬,但也更脆。因为西式钢相对较软,所以它能够更长时间地保持刃口,并且不需要像日本刀片那样经常磨。日本刀刃的边缘部分比德国刀刃更薄,刀刃更锋利,通常在15°~16°,而西式刀则为20°。德国刀片通常是用机器完成的,但日本刀片几乎是手工打磨和精制的。大多数西式刀片的边缘是弯曲的,以便于摆动切割,而日本刀片更直,以便于切割干净、精确。

在制造方面,大多数德国刀都有全柄结构,这意味着一块钢从刀片延伸到刀柄。日本刀片在手柄内逐渐变细,使刀更轻,以实现更受控的运动。在功能方面,日本厨刀是精密切割工具,主要用于切片。德国刀片用途更广泛,可用于切碎、切割和切片,耐用性也较好(图2-2)。

(a)日本的厨刀

(b)德国的厨刀

图 2-1　日本的厨刀和德国的厨刀

图 2-2　德国厨刀

西式厨刀有可控制、舒适的抓握力和完整的刀柄结构,既重又耐用。大多数刀面都是平的,那些有脊的刀是为了防止切菜时食物粘在刀上。图 2-3 是日本厨刀中通用的款式。尽管它们与西式厨刀相似,宽阔的楔形轮廓扩大了刀的实用性,但其刀片更薄,钢更硬,边缘更锋利,与德国厨刀相比可以进行更精确的切割。可见,卖家了解各区域市场的产品差异至关重要。

图 2-3　日本厨刀的通用款式

2.1.2　主动开发供应链的能力

目前,很多跨境公司开发产品基本上是看哪个产品好卖就登录阿里巴巴、环球资源、中国制造网等网站,筛选一些工厂和产品价格,再让工厂邮寄些样品就确定上新的产品。这只能说是初级的采购,谈不上产品开发。如果产品开发只在公司等供应商邮寄样品,单靠样品来选品,不可能开发出好产品。合格的产品开发除了能分析销售和毛利数据,还应主动考察市场,分析数据,并熟悉市场需求、产品供应链,分析供应商并分类、对比及筛选。

2.1.3　熟悉各跨境平台及数据分析

卖家通过浏览各个国家站点的亚马逊、eBay、Shopee、速卖通等平台分析数据判断各国的热销产品,要熟悉各大电商平台,并能精准分析产品的优缺点、差异化、销售及毛利数据,在此基础上提出完整的解决方案。

2.1.4 获取信息差的能力

对于跨境电商,获取信息差的能力尤为关键。要想获得信息差,最有效的途径就是圈层。一个人生活或交往的圈层,决定着获得信息的价值和效率。从事跨境电商的人需要圈层吗?我们赚国外信息差的利润是不是找国外的人做圈层?显然很多人很难与外国人建立良好的圈层。对于国外的市场,中国作为供应链出口大国,其实国内的供应商就是快速获取海外市场信息差的圈层,卖家需要结交优秀的人士,并且加入优秀的项目、社群,这就是在向有价值的信息靠拢。但光加入项目和社群还不够,卖家还要跟更多其他的圈层接触,以便获取供应链各圈层的信息。所以,卖家与不同圈层接触才能认知不同圈层的需求,形成信息差,并找到形成信息差的人。因为供应链圈层是与跨境商品有直接联系的群体,他们能较快并且准确知晓市场的需求。这样,卖家就可以把知道的信息加工整理好,再和利润结合起来进行精确选品。对一些特别冷门的跨境产品,大多数卖家就是通过供应链端获取供应信息才抓住了机会。

2.2 跨境选品需了解的渠道平台

北美:Amazon、eBay、Walmart、Wish、Tophatter、Etsy、Wayfair、Overstock、Target、Newegg。

南美:Dafiti、Amazon、Extra、Linio、Mercado libre、Mercado livre、Comprame、Iguama。

英国:Amazon、Tesco、Argos、Sainsburys、Currys、Wolfordshop。

法国:Cdiscount、LaRedoute、Price Minister、Darty、RueduCommerce。

德国:Amazon、eBay、OttoMarket、Zalando、Etsy、AboutYou、Shop-apotheke、Alternate、Hood、Avocadostore。

俄罗斯:Wildberries、AliExpress、Yandex Market、Joom、Wish、Ozon、Mymall、UMAK、Ulmart。

日本:Amazon、Yahoo、DMM、Mercari、Zozotown、Wowma、Rakuma、Qoo10、Kakaku。

韩国：Coupang、11Street、Gmarket、Unit808、Auction。

印度：Amazon、Flipkart、Snapdeal、Myntra。

东南亚：Shopee、Lazada、Qoo10、Sendo、Tokopedia。

中东：Souq、Noon、MEIG、Wadi、Jollychic。

非洲：Jumia、Takealot、Suoq、Konga、Bid or Buy、Kilimall。

卖家的产品开发可以针对相应国家，熟悉以上各平台的规则及产品销售情况。

第 3 章

亚马逊选品初期三部曲

如果卖家主要从事亚马逊平台电商,初期选品熟练掌握三个步骤,基本上就可以超越半数亚马逊卖家,至少在选品的方向上可降低犯错概率。这三个步骤分别为类目分析、关键词分析和趋势分析。

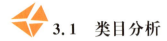
3.1 类目分析

寻找市场热销产品最快的方式就是对亚马逊的类目进行分析,这是亚马逊选品的第一步,其中有三个关键点:款式、价格、销量。

款式:在观察一个类目的时候,首先分析该类目中的产品款式,从中寻找突破的机会。如果亚马逊类目节点下 100 个产品中有 90 个方形产品和 10 个圆形产品,那么卖家是否还会选择做方形的产品呢?这个就需要用具体的案例来分析。如果方形的设计是符合人体构造、主流审美和消费习惯的,那就可以从方形入手做基础款。如果圆形很具有挑战性,违反人体美学或有使用缺陷,或不能更好地满足使用功能,相比方形的设计更加笨拙,为了差异化而差异化,这显然是未客观思考或过度设计的结果。

价格:定位价格的前提条件取决于项目的资金投入,资金少就做低成本的产品,因为只要销量猛增,不管货值高低,周转资金都会越来越多。所以控制产品的成本是长远资金规划的重要环节。

货值低的产品面临的问题是容易进入低价的恶性竞争。相对而言,销售低价产品门槛比较低,技术含量不高,溢价能力不强;高价产品通常电子产品居多,溢价能力强,可差异化的要素比较多。定位价格应根据自身条件做判断,选择适合自身的选品方向。

销量:跨境卖家选品要对市场销量具备敏锐的判断力。普遍来看,产品的市场需求量一定要足够大,或具备连续、长期性需求,而不是局限于某个时间段或短期内有销量,否则很难长期持续做爆款。销量足够大的市场虽然相比销量小的市场竞争大,但机会更多,产品或运营相对稍有优势就可胜出,市场空间大,可发挥空间大;市场销量少的品类虽然竞争少,但很容易遇到天花板,而且销售量难以上升,除非产品的利润很大。在小类目里维持高利润避免恶性竞争的产品可以深入研究。

根据这几个特点来看一个案例,以榨汁机为例,关键词为 juicer,在亚马逊平台搜索 juicer,找到该产品的类目〈Kitchen&Dining〈SmallAppliances〈Juicers 节点,见图 3-1。

图 3-1 类目节点

亚马逊 Best Sellers Rank 节点排名有 100 个产品，先统计出 Top50 或 Top100(类目大的产品可以统计 Top100，平均月销量低于 1000 的，统计 Top50 即可，排名 50 名以后的没太大参考意义)的市场月销售量、月销售额、卖家属性、卖家数量、月均销售参数、上架时间。这些数据可以通过选品软件统计，选品软件有卖家精灵、Sorftime(图 3-2)、数魔、鸥鹭等。

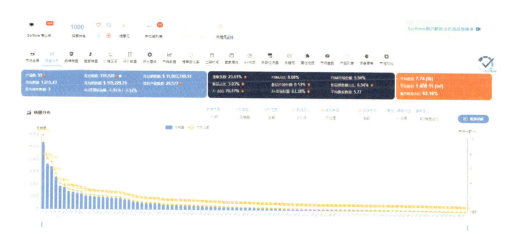

图 3-2 Sorftime 插件类目信息

图 3-2 就是选品软件通过技术手段推算出来的数据，这种数据可以作为参考，但不能作为亚马逊的准确数据。

首先，分别把软件分析出来的各要素的数据统计到表格里(图 3-3)，得出相应结果，就可以看到这个类目的产品特点。这个表格里有价格、销量、颜色、形状、特点等。通过分析，我们可以得出产品开发的价格区间、颜色、款式定位。值得大家注意的是，TOP100 的排名不是恒定的，有些产品的销量可能是站外活动或其他促销方式短时间带来的，所以要拉长时间观测排名情况，间隔 3~7 天再查看节点排名，得出的数据更加准确。

	价格区间	产品数量/个	销量预估/个	平均销量/个	自然占比	灰/个	白/个	黑/个	蓝/个	红/个	其他/个	圆柱形/个	曲线形/个	长方形/个	拱门形/个	慢速/个	快速/个
Top50排名	0~50	13	23119	1778		12		1				13		1		13	
	50~100	20	52337	2617		13	3	3	1			13	3	1	1	16	4
	100~150	8	13550	1694		7				1		4		1	2	6	2
	150以上	9	12533	1393		7		1		1		3		2	4	4	5
总计		50				39	3	5	1	2		33	3	5	7	39	11

图 3-3 产品类目分析统计

其次,重点分析各产品的评价数量和评分,统计出类目平均评价数量。当我们选择分析的一个类目的评价数量平均超过1000,这个类目一定是竞争很激烈的类目,那么这个类目的产品可进入的可能性不大。如果评论的平均评分低于4分,那么这个类目的产品普遍会遇到难以解决的问题,比如供应链问题或设计缺陷。做这种品类中的产品,运营难度会加大,需要反复推广,不断上新,增加运营工作,容易让团队产生疲惫感。如果这个痛点能解决,那开发这个类目的产品在同行中胜出的概率就会大很多。

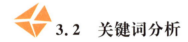

3.2 关键词分析

产品的关键词分析至关重要,主要分为买家搜索关键词排名和首页关键词搜索产品排名。应结合统计销售排名的数据进行分析。

买家搜索关键词排名:亚马逊买家在平台通过搜索词查询到产品并成交的关键词排名。亚马逊品牌关键词排名搜索分析见图3-4。

这个关键词的排名可以在亚马逊卖家店铺后台进行查询,这个功能只针对在亚马逊做了品牌备案的账号。在账号后台的品牌栏目下点击品牌分析,可以看到亚马逊关键词搜索,这时可以输入需要查询的关键词,选择报告范围(每日、每周、每月、每季)点击后,会出现相关的排名搜索词;也可以下载该范围内的文件,详细分析买家搜索关键词。这个搜索词可针对产品,帮助卖家熟练掌握市场卖点、热点,特别是季节性或突然爆单的品类产品,完整分析出市场的需求点。卖家通过这个功能分析出买家常用的关

图 3-4 亚马逊品牌关键词排名搜索分析

键词有哪些,买家对产品特性的长尾词或注重的品牌有哪些,同时可以分析这个类目下点击量高和转化高的关键词有哪些,总之,这个功能对选品有相当大的参考意义,也是选品必不可少的分析环节。

首页关键词搜索产品排名:通过搜索词在亚马逊平台首页搜索,在首页从上到下显示的产品排名为该类产品的首页关键词搜索产品排名(图 3-5)。

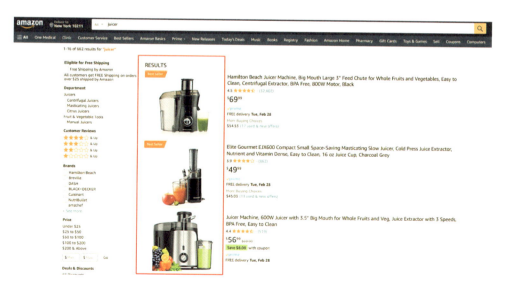

图 3-5 亚马逊 juicer 首页关键词搜索产品排名

在亚马逊页面搜索框输入搜索关键词得出自然搜索排名的产品,根据这个排名统计出各产品的价格、销量、款式、颜色、评价等特点,分析出这个关键词下各产品的竞争特点。

统计销售排名数据:统计对应产品类目下的 Top50 或 Top100 的数据。

与首页排名关键词进行对比分析,先统计类目 Top50 各排名的销量、款式、颜色等数据,通过关键词自然搜索,首页显示出来的产品类型相比同样销量的产品类型显示位置要多,说明此款式比较有机会胜出。如图 3-6 统计的数据,在自然第一页统计的数据中(亚马逊搜索页第一页显示的产品位置是 16 个)表明价格在 150 美元以上占了 6 个位置,在销量 Top50 中占了 9 个位置,相比首页售价在 50~100 美元之间占了 4 个位置,在销量 Top50 中占了 20 个位置的价格区间产品的竞争明显小很多,因为在首页自然搜索的 6 个位置去抢销量 Top50 中的 9 个位置(价格区间 150 美元以上),相比首页自然搜索的 4 个位置去抢销量 Top50 中的 20 个位置(价格区间 50~100 美元)要容易得多。采用同样的逻辑,继续分析颜色、产品特征、产品类型,这样就可以分析出最佳的产品开发方向。

	价格区间	产品数量/个	销量预估/个	平均销量/个	Top占比	灰个	白个	黑个	蓝个	红个	其他个	圆柱形/个	曲线形/个	长方形/个	拱门形/个	慢速个	快速个
自然第一页	0~50	3	10309	3436	44.59%	3	0					3					3
	50~100	4	42648	10662	81.49%	5						3	2			2	3
	100~150	3	12535	4178	92.51%	1	1							1		1	1
	150以上	6	10121	1687	80.75%	6						4		2	2	4	
总计		16				15	1										

	价格区间	产品数量/个	销量预估/个	平均销量/个	自然占比	灰个	白个	黑个	蓝个	红个	其他个	圆柱形/个	曲线形/个	长方形/个	拱门形/个	慢速个	快速个
TOP50排名	0~50	13	23119	1778	4.33%	12		1				13		1		13	
	50~100	20	52337	2617	5.00%	13	3	3	1			13	3	1	1	16	4
	100~150	8	13550	1694	2.67%	7				1		4		1	2	6	2
	150以上	9	12533	1393	1.50%	7		1		1		3		2	4	4	5
总计		50				39	3	5	1	2		33	3	5	7	39	11

图 3-6 亚马逊关键词自然搜索与 Top 排名相关统计展示

3.3 趋势分析

趋势分析关键是使用谷歌趋势的功能进行分析,什么是谷歌趋势?

谷歌趋势(google trends)是趋势搜索功能,可显示搜索词在谷歌中的受欢迎程度。通过该功能可以查看趋势是上升还是下降,还可以找到人口统计洞察、相关主题和相关查询。卖家通过谷歌趋势可以了解哪些内容呢?

3.3.1 使用谷歌趋势寻找利基产品

谷歌趋势是个寻找飞速发展的利基市场产品的好工具,对于有些涉及类目比较广的公司,无论何时都在寻找新的利基市场,在分析产品对象时,可以将分析的范围从"过去12个月"延伸到"2004年至今",这样可以反映出搜索量是增加还是减少,它也可以反映季节性趋势。我们用它来分析榨汁机这个品类(图3-7)。

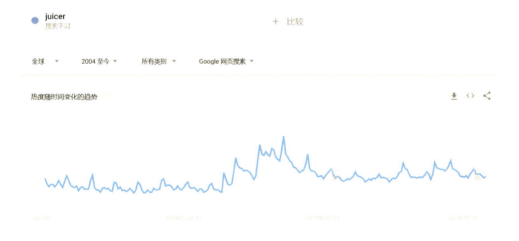

图3-7 谷歌趋势juicer搜索走势分析

可以看到,该词在2013—2014年增长迅速,随后趋于平稳。这个是针对榨汁机在全球市场的表现。

再举例:pop it是一款短时间销量激增的产品,它们有多种颜色、形状和尺寸,作用是缓解压力。从图3-8我们可以很清楚地看到,在过去的五年内,2020年9月该产品开始快速增长,到 2021 年 8 月开始达到高峰,之后持续下降。这就是一个抓住时机的产品,这种类型的产品只能把握风口,但不会持久。因此卖家需要找寻具备稳定利基的产品,如小家电类目的榨汁机产品,这是个比较稳定持久的产品。

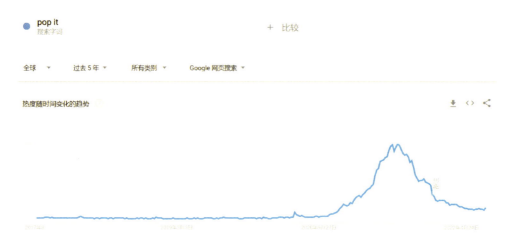

图 3-8　谷歌趋势 pop it 搜索走势分析

下面以水壶(kettle)举例,从图 3-9 中清楚地看到该产品销量持续上升。在大多数情况下,这个利基的搜索量相当稳定。在几年的时间里,该产品销量有轻微的下降或上升是正常的。但在大多数情况下,谷歌趋势显示水壶是一个相当稳定的利基市场。卖家可能想知道下降和上升意味着什么。这些数据向卖家展示了搜索的季节性趋势。从 10 月到 12 月,水壶的搜索量有所增加,但从 1 月开始下降。这并不意味着卖家不想在一月份布局水壶的销售方案,这只是意味着此时间段流量相对比较少。我们再以指尖陀螺(fidget spinner)举例,分析其销售数据(图 3-10)。

直到 2017 年 2 月,"指尖陀螺"的搜索量几乎为零。2017 年 5 月,该产品销量达到顶峰。很明显,指尖陀螺在最初的几个月里搜索量急剧增加,然而达到高峰后急剧下降。这是个短期火爆的产品,生命周期很短,表明这不再是一个可以布局的产品。

3.3.2　在相关主题中查找相关产品类别

假如卖家是专注销售水杯的公司,拥有自己的基础市场后,可能有兴趣扩展到其他垂直领域。卖家不仅要在商店出售水杯,还要出售人们可能也感兴趣的其他产品类

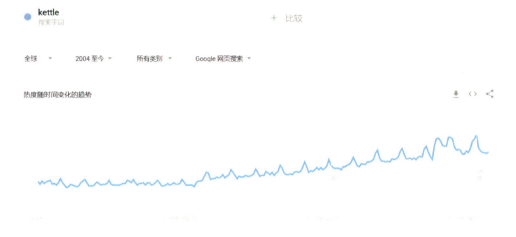

图 3-9　谷歌趋势 kettle 搜索走势分析

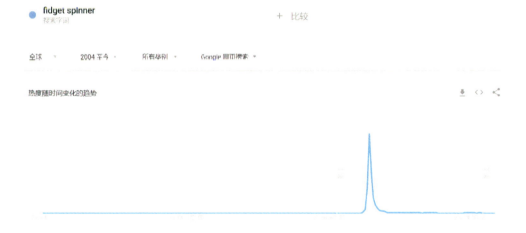

图 3-10　谷歌趋势 fidget spinner 搜索走势分析

别。那么在谷歌趋势中输入"water glass"后,向下滚动到底部,将在其中找到"相关主题"(图 3-11)。

  由此可以看出吸管与水杯是关联性很大的产品,可以作为商店中的产品类别。搜索水杯的人也会对吸管感兴趣。因此,如果卖家希望扩展商店中的产品系列,可查看相关主题作为参考。

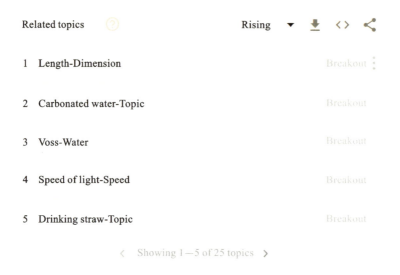

图3-11 谷歌趋势 water glass 相关主题分析

3.3.3 使用谷歌趋势进行关键词研究产品迭代

假设卖家在商店里销售女式衬衫。谷歌趋势显示,对女式衬衫的搜索呈上升趋势,这是一个好兆头(图3-12)。

图3-12 谷歌趋势 women's shirts 搜索走势分析

卖家如果想弄清楚要目前有哪些流行趋势,如何开发新款类别,可以通过快速查看"相关查询"进行分析,它位于"相关主题"的右侧(图3-13)。

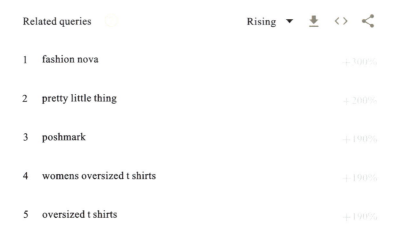

图 3-13　谷歌趋势 women's shirts 相关主题分析

在以上查询中有 25 条关键词,可以看到产品的各种特点。这个表格可直接下载进行分析,上面有排名和上升两个列表。排名靠前的有女式长衬衫、长袖衬衫、马球衫、白衬衫、女式黑色衬衫;急剧上升的关键词有女式超大 T 恤、超大号 T 恤、女式超大号衬衫、设计师 T 恤。基于各项关键词的特征我们可以整理出产品的类别,如黑色、白色等,再具体细分产品的类别得出相应的结论。

3.3.4　围绕季节性趋势分析产品周期

如果选品的目标是季节性产品,需精准把握产品的销售旺季。因为提前准备产品需要一个月,甚至几个月的时间,如电热毯(图 3-14)。

在全年的销售中,每月销售额都可能成为全年的高峰和低谷。在旺季,竞争大,销售量也大;在淡季,卖家可能开始销售季节性产品,用充足的时间为旺季做准备。如果卖家有实力,可以在全年的淡季布局一款季节性产品,如夏季的迷你风扇(图 3-15)。

迷你风扇体积不大,容易发货,市场量巨大,正好弥补了电热毯淡季销售不佳的缺陷。如果卖家选品的是季节性产品,要思考如何经营好季节性产品。

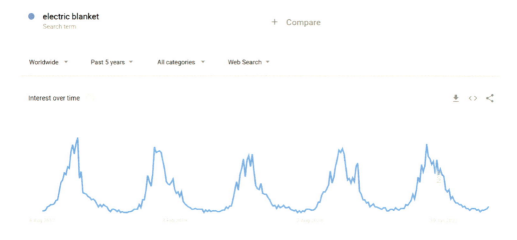

图 3-14 谷歌趋势 electric blanket 搜索走势分析

图 3-15 谷歌趋势 mini fan 搜索走势分析

3.3.5 根据国家与地区查找利基产品

谷歌趋势最有效的功能之一就是可以按地区找到利基产品。美国有 3.25 亿人，得克萨斯州的消费者肯定和新墨西哥州的观众不一样。我们根据图 3-16 和图 3-17 分析一下这两个州的消费者对银项链的看法。

新墨西哥州的消费者对银项链的兴趣没有得克萨斯州大。而且银项链的销售在得克萨斯州有季节性的表现。这个分析对区域性的选品具有非常大的参考意义，对产

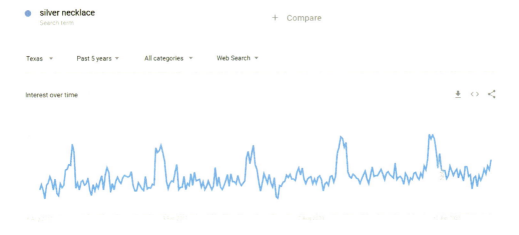

图 3-16　得克萨斯州谷歌趋势 silver necklace 搜索走势分析

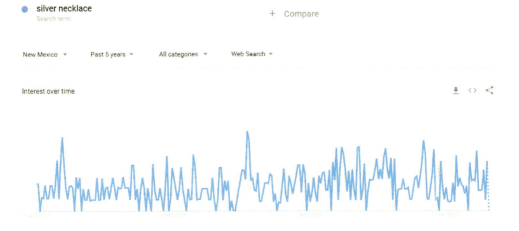

图 3-17　新墨西哥州谷歌趋势 silver necklace 搜索走势分析

品的物流和海外仓的定位也有很大的参考价值。

根据图 3-18 和图 3-19,如果按国家区分,如美国和澳大利亚,以沙滩鞋为例,这个产品有很明显的淡旺季,但两个国家的淡旺季不一样,而且需求的特点也可以进一步进行分析。

3.3.6　使用谷歌趋势对选品进行未来分析

市场上有很多产品每年都会被新的产品取代,虽然功能是一样的,但是随着时代

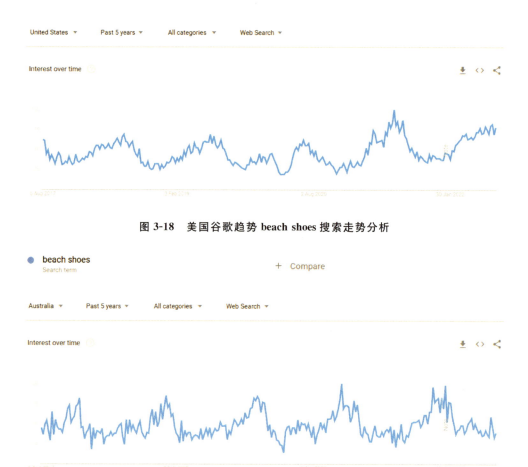

图 3-18 美国谷歌趋势 beach shoes 搜索走势分析

图 3-19 澳大利亚谷歌趋势 beach shoes 搜索走势分析

的发展,产品逐渐升级。卖家对于选择的产品,应判断其未来是否有前景,或者其生命周期多长。如快速榨汁机和慢速榨汁机,对比发现,从 2010 年开始,慢速榨汁机搜索量迅速攀升,明显超过了快速榨汁机(图 3-20)。

以烤箱和空气炸锅为例,空气炸锅也是烤箱的一种,两者都是利用高温空气从外到内烤熟食材。通过图 3-21 的谷歌趋势来看,空气炸锅的搜索量从 2015 年开始逐年攀升,烤箱的搜索量从 2020 年后就逐步下降,但空气炸锅的搜索量还在继续攀升,未来市场产品的架构在慢慢发生改变,这就是通过趋势来判断经营的产品有没有未来或

图 3-20　谷歌趋势 fast juicer 与 slow juicer 搜索走势对比分析

图 3-21　谷歌趋势 oven 与 air fryer 搜索走势对比分析

正在被什么产品取代,这点非常重要。

以上三点就是跨境亚马逊选品的前三部曲。充分掌握这三点,卖家基本能判断产品的可行性,不会在选品上有致命的方向错误。

第 4 章

新品开发逻辑思维简析

跨境电商选品针对不同的人群和阶段有不同的方式。思维方式的不同会导致结果不同。大部分成功的卖家基本上有两种选品思维:亚马逊数据选品思维和品牌新品逆向开发思维。亚马逊数据选品思维主要是基于亚马逊平台的数据分析作为选品参考的思维方式。这种选品方法效率高,时效快。品牌新品逆向开发思维是基于长期规划的品牌产品开发思维方式。这种选品生产周期长,时效慢,但产品的潜力大,品牌或产品未来生命周期长。这两者最大的区别就是亚马逊数据选品思维是从有到优的过程,而品牌新品逆向开发思维是从无到有的过程(表4-1)。

表 4-1　思维方式特点对比表

思维方式特点对比		
思维方式	亚马逊数据选品思维	品牌新品逆向开发思维
思维切入点	市场数据	生活方式理念
开发周期	短	长
产品开发模式	贴牌或改版	新设计、新理念
投入成本	低	高
产品生命周期	短	长
技术专利	外观专利	发明/外观专利
核心环节	产品成本、功能升级	构思理念、创造方式

4.1　供应链产业带分析

下面就部分产品的供应链产业带进行分析。

4.1.1　家居收纳类目

到2023年,收纳容器的市场将达到460.2亿美元。该市场预计每年增长5.25%(2023年至2026年的复合年增长率)。在全球,收纳容器的大部分收入来自美国(2023年为62.64亿美元)。人们对容器收纳类别的产品,主要需求是方便陈列、可利用空间、移动方便、坚固耐用、容量大、产品可调节空间、搁板可移动、组装方便、设计美观、提高家务效率。在这个类目想要突破,应提供详细的安装说明、齐全的组装配件、多种金属架零件供消费者搭配购买。家居收纳主要产品见图4-1。

图4-1 家居收纳主要产品

热销产品:真空压缩收纳包、衣物收纳盒、餐具托架、金属置物架、衣架组合、开放式货架、书架、厨房货车和储物推车等。

热销区域:北美、日本。

供应链产业带:义乌、永康、东莞、江门、新会、宁津、杭州、温州、绍兴、玉环等。

价格区间:10~40美元。

4.1.2 箱包类目

根据Statista[①]预测统计,到2023年,箱包业务的收入将达到1770亿美元。该市场预计每年增长5.07%(2023年至2026年的复合年增长率)。在全球,箱包业务的大部分收入来自美国(2023年为287.30亿美元)。到2023年,行李箱包部门67%的销售额将来自非奢侈品。欧美受欢迎的小型包主要具备多功能和多用途,材料最好防水、耐用。包型的设计多款式,多花色。旅行包需要有坚固的设计、美观的饰面、耐用的结构和高性能,特别是能随身携带乘坐飞机的旅行箱包,所以应对欧美国家能携带上飞机的箱包尺寸非常清晰。箱包有很多切入点,如携带方便、有滚轮、时尚美观、性价比高、耐用等。箱包主要产品见图4-2。

热销产品:腰包、旅行包、化妆包、电脑双肩包、洗漱包、行李包、雨伞包。

---

① Statista:一个专注于市场和消费者数据的在线平台,提供德语、英语、西班牙语和法语的统计数据和报告、市场洞察、消费者洞察和公司洞察。

图 4-2　箱包主要产品

热销区域：美国、欧洲。

供应链产业带：广州、深圳、浙江、河北白沟镇、辽宁南台镇。

价格区间：15～150 美元。

4.1.3　DIY 艺术类

美国用户的动手能力较强，有做艺术创意型 DIY 的，除了原材料还有很多可以拓展的辅助产品，也有很多组合的产品，中国卖家可以操作的空间很大。这一品类可以在材质、颜色、款式等属性上拓展。根据 Research and Markets[①] 数据统计，2021 年全球工艺品用品市场为 402.1 亿美元，预计到 2026 年将达到 593.6 亿美元，复合年增长率为 8.1%。因为人们环保意识的提高，可生物降解的工艺用品多年来取得了一定成绩，许多国家和传统艺术类型的进步可能会极大地推动工艺品必需品市场。但 DIY 艺术产品可使用的替代品种类繁多，这阻碍了预测期内市场的扩张。DIY 艺术产品见图 4-3。

热销产品：书签装饰、珠子类、针线类、木工类、节日装饰类、剪贴簿等原材料与辅助产品。

热销站点：北美、欧洲、日本。

热卖月份：节日前，特别是 11 月、12 月是旺季。

供应链产业带：河北、安徽、山东、江西。

---

① Research and Markets：成立于 2002 年，是一家专业的市场调研机构，目前是世界上最大的市场研究机构，客户遍布世界各地，包括 450 多家财富 500 强公司。

图 4-3 DIY 艺术产品

价格区间：20～100 美元。

4.1.4 绘画类

艺术绘画涂料市场规模预计在 2028 年将达到 76.818 亿美元，复合年增长率为 17.3%。产品以功能性为主，并没有很强的品牌性，消费者会买性价比高的颜料等绘画产品。这部分产品占很大的比例，价格通常在 20 美元以内，小部分消费者对产品的品质、个性化有更高的要求，会去买一些单价稍微高一点、更有品质的绘画类产品及辅助产品。欧洲顾客除了看重性价比，对一些专业美术用具也很感兴趣，例如专业画笔。同时顾客的购买行为与所在国家流行的美术派别及艺术氛围有关，如在德国调色刀刮画类比较受欢迎，在英国画刷卖得比较好等。中国的颜料供应很不错，所以中国卖家做这块有优势，并且市场空间很大。如果将产品搭配组合，也更容易销售。绘画类主要产品见图 4-4。

图 4-4 绘画类主要产品

热销产品:画板、画笔(水彩笔、油画笔、油画画刷、颜料画笔等)、颜料、绘画套装等。

热销站点:美国、欧洲。

热卖月份:全年,开学季、圣诞节是旺季。

供应链产业带:河北、安徽、山东、江西、深圳、莆田、厦门。

价格区间:30～300美元(美国)、10～50欧元(欧洲)。

4.1.5 吉他类

2021年,吉他类市场的规模为5.27亿美元,到2028年调整后的规模将达到6.453亿美元,复合年增长率为2.9%。吉他便携方便,使用灵活,很受用户喜欢。吉他的很多小细节都会影响最终音色,如木材的密度、尺寸、结构的坚固性、电子设备、拾音器等。古典吉他有尼龙弦和稍小的琴身。与钢弦对应品相比,吉他的品丝更少,琴颈更宽。吉他类主要产品见图4-5。

图4-5 吉他类主要产品

热卖月份:全年。

热销站点:美国、欧洲。

在过去的10年里,吉他的平均价格上涨了48%。在此期间,吉他的单位销售额下降了15%,但整体零售额增长了24.6%。美国占全球音乐贸易的40%。德国和美国占全球销售额的最大份额。

供应链产业带:惠阳、遵义、漳州、潍坊。

"中国吉他产业之都"广东惠阳,吉他产量占中国的60%,占世界的25%,尤克里里占全球销售额的80%。"中国吉他制造之乡"是贵州遵义。中国第三大吉他生产基地是漳州。"吉他之乡"是山东潍坊。吉他产品80%以上出口韩国、美国、澳大利亚等30多个国家和地区。

价格区间：40～150美元。

4.1.6 玩具和游戏类

长期以来，玩具一直是儿童市场的畅销产品。在企业规模上，玩具是品牌IP延伸和推广的重要组成部分。据NPD称，2021年全球玩具市场销售额为1042亿美元，增长8.5%，超过2020年，比2019年增长12.7%，使2021年成为10年来最好的市场表现。2022年，美国玩具市场的销售收入增长尤为明显，第三季度末增长4%（达2.01亿美元）。从2019年到2022年的三年复合年增长率来看，玩具行业销售收入同比增长12%，平均售价增长8%，同期单位销售额增长4%。从地域上看，北美市场份额同比增长15%，而作为全球玩具销售第二大贡献者亚洲的表现则落后于2019年。

根据Numerator[①]的数据，与2020年相比，如今的玩具买家更在意价格。事实上，三分之一的购物者表示他们将减少在玩具上的花费，而只有四分之一的人可能会花费相同的金额，2022年销售量小幅下滑。

根据Grand View Research[②]的数据，虽然消费意愿可能下降，但由于消费者更加认识到玩具可以提供认知益处，消费者对玩具的兴趣仍然很浓厚，他们会更加谨慎地选择玩具。绿色环保和可持续玩具、传统玩具和拼搭玩具等类别仍然是买家的兴趣所在，授权人偶和多代授权产品越来越受欢迎。

在数字领域，视频游戏继续为家庭和个人提供娱乐空间，而棋盘游戏也越来越受欢迎。2023—2026年，玩具业务的复合年增长率将达到9.91%。电子商务将继续发展，零售在体验式购物中的作用是为零售商、制造商和玩具所有者提供机会，让消费者购买。玩具类几乎每年都有几款爆品，如2013—2014年的织布机乐队、2014—2015年的动力沙平衡滑板车、2017—2018年的指尖陀螺、2017—2018年的手指猴，2020—

---

① Numerator：一家市场情报公司，汇集了全渠道营销、推广和销售数据，使品牌、零售和代理客户能够轻松地追求新的可能性。Numerator由Vista Equity Partners所有，能够将人们购买的东西与购买背后的原因和影响联系起来。迄今为止，Numerator已经收集了超过5亿张实体店和电子商务购买收据，以及影响购买路径的广告、促销、电子商务定价和数字货架信息。

② Grand View Research：一家市场研究和咨询公司，提供报告、定制市场分析和咨询服务。

2021年的硅胶泡泡玩具。如果卖家能比竞争对手更早地发现这些产品的潜力并生产和销售,将更容易获得成功。根据不同孩子的年龄段,发布了0~2岁、3~4岁、5~7岁和8岁以上4个列表,不同国家的进口商都喜欢进口经典玩具,比如球、汽车、毛绒玩具,因为这些经典玩具每年都有一个大而稳定的市场需求量,无须担心销售问题。爆款玩具具备几个显著特点:首先,与现实生活联系紧密,在玩具中体验生活,如美泰的芭比梦幻娃娃屋;其次,让孩子动起来,比方说让宝宝学习做家务,用游戏手环的方式让孩子运动等;最后,注重感官体验,比方说非常流行的触感挤压玩具。卖家时刻关注市场的热点,完全有机会卖出爆款。玩具类主要产品见图4-6。

图4-6 玩具类主要产品

热卖月份:全年,特别是在10—12月。

热销站点:美国、欧洲。

供应链产业带:根据类型和生产地区,玩具可分为以下几类,见表4-2。

表4-2 玩具分类

玩具品类	玩具	供应链地区
遥控玩具	遥控直升机、汽车、船	澄海、深圳
压铸件和玩具车	汽车、卡车、汽车模型	澄海
玩具人偶	乐高玩具、动画人物	澄海
娃娃和毛绒玩具	玩具动物、木偶、吉祥物、服装	以扬州、青岛为主,还有义乌、深圳等城市
经典玩具	悠悠球、气球、球、万花筒	澄海、义乌等城市,视产品而定
学习和教育玩具	玩具乐器	浙江云和
户外和游乐场玩具	儿童滑梯、跷跷板	永嘉(温州小镇)为"中国玩具之都"

续表

玩具品类	玩具	供应链地区
模型和建筑玩具	建筑模块	澄海、义乌
婴儿玩具	婴儿摇铃、婴儿学步车	没有具体的城市,主要在浙江省和广东省
拼图和DIY玩具	拼图、魔方	高品质拼图主要产于澄海, DIY工艺玩具主要产于义乌

价格区间:40~150美元。

4.1.7 油画类

欧美的墙面主要用绘画和印刷品来修饰,油画是非常受欢迎的一个品类。2021年,美国是全球领先的艺术市场,占全球艺术市场价值的43%,受欢迎的类型主要有传统山水画、静物图、现代风景画、抽象画、海景画、野生动物画等,特别是通用主题,包括当地风景和当地地标,艺术品买家喜欢有背景且具有独特焦点的画作。这个类目应避免侵权。目前,大多数人在客厅和卧室都偏爱中小画作,题材适中。常见的首选框架是20英寸×24英寸、16英寸×20英寸和11英寸×14英寸。对于豪华画廊、展览区和礼堂,首选尺寸通常为24英寸×36英寸和30英寸×40英寸。2022年最受欢迎的艺术风格是抽象派(54%),其次是当代作品(48%)和现代作品(42%)。油画类主要产品见图4-7。

图4-7 油画类主要产品

热卖月份：全年，特别在 10—12 月。

热销站点：美国、欧洲。

供应链产业带：深圳、莆田、厦门。

深圳大芬村装饰油画曾占据全球 70% 以上的市场份额，被誉为"世界油画第一村"。莆田油画产业年产值超过 15 亿元，占全球油画产量的 30%，培养了近 20000 名画师和画家。厦门五石铺油画村和深圳大芬油画村被列为全球最大的商业油画生产基地。

价格区间：10～150 美元。

4.1.8 太阳镜类

2021 年全球太阳镜市场规模为 142.08 亿美元。预计到 2030 年将达到 207.53 亿美元，预测期的复合年增长率为 4.3%。太阳镜是带有专门镜片的防护眼镜，可以保护眼睛免受太阳眩光和高强度可见光的伤害。根据国家眼科研究所的数据，大约 20% 的白内障是由紫外线照射引起的，白内障会导致人们视力模糊。眼睑皮肤癌虽然鲜为人知，但眼睑很容易患皮肤癌。这些都是产品需求。太阳镜市场在预期期间扩张的另一个因素是年轻人对有吸引力的配饰的需求不断增长。太阳镜类主要产品见图 4-8。

图 4-8　太阳镜类主要产品

北美是全球太阳镜的重要市场，预计将以 3.0% 的复合年增长率增长。美国在北美拥有最大的太阳镜市场份额，其次是加拿大。北美有大量的知名太阳镜品牌，包括大卫贝克汉姆、卡莱拉、奥克利、普拉达、宝格丽、汤姆福特、雷朋。这些品牌通过其品牌专卖店、独立分销商、在线零售平台和旅游零售店在该地区占有重要地位。

欧洲预计将以 3.8% 的复合年增长率增长，在预测期内产生 67.575 亿美元的收入。相当一部分眼镜制造商来自欧洲。而世界最大的太阳镜制造商在中国。

拉丁美洲、中东和非洲正成为太阳镜的三个重要市场。这些地区只有一些小型本地制造商,没有大型企业。巴西是一个新兴国家,人口增长率很高。中东拥有强大的购买力,激发了消费者对高档产品的渴望。

热卖月份:全年。

热销站点:欧洲、北美、亚洲。

供应链产业带:台州、温州、深圳、丹阳。

太阳镜的质量和价格因制造商的位置而异。中国太阳镜工厂主要集中在台州、温州、深圳3个地方。台州是最大的太阳镜制造中心之一。台州有很多太阳镜厂家生产塑料镜框,但质量不高。温州有很多正规的眼镜厂,但太阳镜厂家多为民营小厂。深圳生产高档眼镜,主要是光学眼镜,太阳镜只占一小部分。中国最大的眼镜制造商集群位于江苏省丹阳市。丹阳市眼镜镜片年产量超过3亿个,占全球市场的40%、国内市场的70%,是全球最大的镜片生产基地。

价格区间:12~30美元。

4.1.9　运动鞋类

运动鞋市场近年来呈现健康增长态势,2022年至2028年间收入以4.8%的复合年增长率增长。然而,这一增长主要是由中国和印度等新兴市场推动的,美国和欧洲等发达市场增长较为缓慢。Sky Quest[①]统计的《2022年全球体育调查》发现,57%的受访者愿意为性能增强的鞋子支付更多费用,并且市场增长最强劲的是高端品牌和奢侈品牌。报告发现北美市场最为成熟,渗透率为78%。美国家庭平均每年在运动鞋上花费97美元,超过任何其他地区。然而,中国是增长最快的运动鞋市场,预计2023年至2028年的复合年增长率为9.4%。Sky Quest将这一增长归因于蓬勃发展的经济和新兴的中产阶级。该报告的其他主要发现包括:在健身应用程序和可穿戴技术设备的普及推动下,跑鞋领域预计从2023年到2028年将以6.2%的复合年增长率增长。受街头流行风格的推动,篮球鞋市场预计将以3.7%的复合年增长率增长。受功能训

---

① Sky Quest:一家全球市场情报、创新管理和商业化组织。

练和 Cross Fit①锻炼的普及推动,2023年至2028年,全球运动鞋市场的训练鞋细分市场预计将以5.1%的复合年增长率增长。

全球运动鞋市场随着新技术和材料的开发不断发展。运动鞋的分类目前已经做到了分类很细、很垂直,除了美观,运动鞋的功能核心主要表现在舒适度、缓冲效果、避震性、抓地性、透气性、弯曲性、轻量化、耐久性、稳定性和包裹性方面。近年来,受运动员和消费者欢迎的鞋子类型发生了一些重大变化。以下是运动鞋的一些主要趋势。

①极简鞋:近年来,随着越来越多的人希望减轻携带的重量,使鞋子尽量减少对关节的影响,极简鞋在全球运动鞋市场越来越受欢迎。这些鞋通常几乎没有缓冲,并且从脚跟到脚趾的落差非常小。

②天然材料:随着消费者对可持续性越来越感兴趣,在运动鞋中使用更多天然材料已成为一种趋势,包括羊毛、竹子甚至软木等材料。

③定制:随着3D打印的出现,现在可以制作完全适合个人脚型的定制鞋。这项技术仍处于早期阶段,但我们很可能会在未来看到越来越多的公司提供这项服务。

④高科技:运动鞋现在融入了各种高科技,从运动鞋市场上的GPS跟踪到碳纤维板。随着技术的不断进步,我们可以期待看到更多高科技添加到运动鞋。

⑤可持续性:随着消费者意识到他们的购买行为对环境的影响,他们要求品牌提供更多可持续的选择。为此越来越多的品牌在鞋子中使用可持续材料和制造工艺。

运动鞋类主要产品见图4-9。

图4-9 运动鞋类主要产品

---

① Cross fit:Cross fit健身计划强调身体全面强健,包括体能、力量、爆发力、速度、协调性、柔韧性等。Cross fit健身计划综合了田径、体操、举重等许多动作的无间歇练习。这种练习方式的基本原则就是,几个动作为一组,不间歇或者稍微间歇地以最快的速度在规定时间下完成尽量多的组,或者在规定组数下以尽量少的时间完成。

热卖月份:全年。

热销站点:欧洲、北美、亚洲。

供应链产业带:广东、温州、晋江、璧山。

中国鞋业产业集群发展态势十分明显,总体而言,有四大产业集群。一是以广州、东莞为代表的广州鞋业基地,主要生产中高档鞋。二是以温州、台州等地为代表的浙江鞋业基地,主要生产中低档鞋。三是以重庆为代表的西部鞋业基地,主要生产女鞋。四是以福建泉州、晋江为代表的鞋业生产基地,主要生产运动鞋。晋江是全国最大的鞋类生产(产量占世界的8.5%)、加工、贸易基地,产品齐全,拥有一流的生产设备和配套齐全的企业,以及一大批名牌企业集群,市场成熟。晋江市拥有鞋业生产经营企业3000多家,年产量7亿多双,年产值超过200亿元,产品远销世界80多个国家和地区。中国大部分的运动服饰品牌都是在这里诞生的,比如安踏、匹克、鸿星尔克、特步等。

价格区间:30~120美元。

4.1.10 服装类

根据Just Style[①]公司的分析报告,全球服装市场在2020年增长了18.7%,达到4568亿美元。预估全球服装市场至2025年间增长59.2%,达到8214亿美元。服装类主要产品见图4-10。

通过这几年全球在线服装市场的变化,增长的主要因素如下。

①居家办公模式:企业的居家办公模式导致在线渠道销量暴增,消费者可以选择网上购物送货上门。

②便捷购物方式习惯:很多服装品牌进一步在在线平台投资,通过网络曝光和第三方取货等来提高效率,改善购物者体验。

③大量老年网购消费者:老年网购消费者尝试网购后更愿意在网上浏览和购买产品。

④应用程序的广泛使用:使用应用程序进行在线购物在全球范围内变得越来越普遍,尤其是在许多服装品牌加强和加速转向在线的情况下。在社交媒体应用上,应用

---

① Just Style:一个由30多个专有B2B网站组成的网络,拥有众多全球受众群体。其中包括全球活跃的决策者、影响者和意见领袖,每年行业专业人士总计达5500万。

图 4-10 服装类主要产品

程序购物功能和可购物直播的使用越来越多,这将使购物者更容易在线购物。

服装从类型上可以分为女装、男装、童装。服装纤维按种类分为人造纤维、棉纤维、动物纤维、植物纤维。服装是个大类目,涉及季节性问题,服装的款式更新要快。销售服装,关键是要关注市场上的流行元素和把握季节性。卖家可以重点关注季节性的衣服资源,特别是功能服装,如果创新性和科技感强,可以把握机会。

热卖月份:全年。

热销站点:欧洲、美国、亚洲。

供应链产业带见表 4-3。

表 4-3 运动鞋类主要产品

服装类	主要产业集群分布
男士服装	增城、广州、杭州
女装	广州、虎门、杭州
儿童服装	广州、杭州、常熟
婚礼服装	苏州、项城、金昌
内衣	杭州、佛山、南海
衬衫	普宁、义乌、绍兴
皮革服装	海宁、辛集

续表

服装类	主要产业集群分布
牛仔装	新塘、常州、中山
羊毛衫	东莞、桐乡
羽绒服	高邮、常熟、杭州
裤子	泉州、石狮、广州
运动装	石狮、厦门、广州
泳装	锦江、新城、义乌
仿制服装	广州、虎门、东莞、莆田
短袜	诸暨、辽源、佛山

价格区间:15～40美元。

4.1.11 家居装饰

据 Research and Markets 分析,全球家居装饰市场从 2021 年的 6106.5 亿美元增长到 2022 年的 6624.5 亿美元,复合年增长率(CAGR)为 8.5%。到 2026 年,家居装饰市场预计将以 5% 的复合年增长率增长到 8057.5 亿美元。

北美是 2021 年家居装饰市场最大的地区。亚太地区将成为预测期内增长最快的地区。在这个类目中,消费者主要的关注点是价格合理,款式新颖,容易携带,保存,气味舒适,适合作为礼品赠送给亲朋好友,实物与照片相匹配。家居装饰主要产品见图 4-11。

图 4-11 家居装饰主要产品

热销产品：家居摆件、人造花、保鲜花、墙贴、镜子、装饰物和摆件。

产品完善点：礼盒包装设计新颖、坚固牢靠，防止运输途中损伤，附带留言卡或其他，避免上架侵权商品（例如电影人物具有 IP 造型的摆件），在页面上清楚标注商品尺寸，最好有参照物。

热销站点：美国、日本。

供应链产业带：丽水、义乌、泉州。

价格区间：10～100 美元。

4.1.12　室内装点

室内装点是家居装饰的垂直类目。这类的产品的顾客品牌忠诚度不高，有创意、性价比高的产品很容易获得用户，所以中国卖家有较大的空间去做一些性价比高的产品。这类产品在中国有绝对的供应链优势和成本优势，在品质有保障的情况下，很容易打开市场。室内装点主要产品见图 4-12。

图 4-12　室内装点主要产品

热销产品：装饰花、橱柜、墙纸、相框、墙上置物架。

热销站点：美国。

热卖月份：全年，在节假日尤为火爆（10—12 月）。

供应链产业带：义乌、宁波、台州。

价格区间：10～100 美元。

4.1.13　家居小百货

据 Statista 数据统计分析，2019 年，美国消费者每年在家政用品上的花费超过 765

美元。在当年零售额领先的家居产品中,卫生纸排名第一,2019年创造了近90亿美元的收入。家居小百货主要产品见图4-13。

图4-13 家居小百货主要产品

清洁工具是美国家庭用品的主要类别。2019年,每位消费者在清洁用品和洗涤剂上的支出分别达到185美元和87美元左右。

宝洁公司2020年在美国的销售额超过310亿美元,比上一年的286亿美元有所增长。该公司还投入更多广告费用来推广其种类繁多的家居产品。

家居小百货一般没有很高的门槛,且选品较多,组装容易、设计巧妙、质量过关的商品往往可以得到消费者的青睐,提高复购率。

热销产品:纸巾、厨房储物产品、空气清新剂、电池、花洒、浴巾、拖鞋、衣架、晾衣架、地板拖把/地板刮水器、带盖垃圾桶、旅行用品/旅行配件。

热销站点:日本、美国。

供应链产业带:江门、金华、南昌。

价格区间:10～100美元。

4.1.14 家装布艺

据Research and Markets统计,2021年全球家用纺织品市场价值1113.8亿美元,预计到2026年将达到1450.5亿美元。家用纺织品包括床上用品、浴巾、厨房和餐桌配件、地毯和垫子以及其他室内装饰物品。家装布艺主要产品见图4-14。

发达经济体对家用纺织品的需求大多已见顶。然而,在新兴市场,可支配收入增长带动了奢侈品消费,预计需求将以显著的速度增长。在2022—2026年的预测期内,家用纺织品市场预计将以5.53%的复合年增长率增长。快速城市化是一个重要的增

图 4-14 家装布艺主要产品

长动力,导致消费者在家庭装修和装饰上的支出增加。此外,由于轻质产品面料需求的增加、生活水平的提高、房地产行业的发展、电子商务的兴起等因素,过去几年市场一直在增长。使用环保家居成为新趋势,制造商已停止使用化学染料,转而使用天然纤维,因为他们的客户更喜欢天然产品。

家装布艺是家纺用品的子类目,用户在这些产品的选择上并没有很强的品牌倾向,并且由于这些产品都属于消费品,更换频率也相对较高,消费者倾向选择物美价廉的产品,在此基础上个性化也是他们的需求。这类产品不仅市场大,且销量快速增长。同时中国卖家在供应链上具有很多优势,所以中国卖家进入这些市场能够占据的份额相对较多,中国卖家提供的高性价比产品仍然深受消费者的喜爱,这些产品可以调整的属性非常多,卖家可以通过调整这些属性避免同质化和恶意竞争。

热销产品:窗帘、睡毯、沙发套、抱枕。

热销站点:美国。

热卖月份:全年。

供应链产业带:浙江、江苏。

价格区间:20~50美元。

4.1.15 床上纺织品

床上纺织品是家纺品类中的子类目,顾客非常关注舒适度和产品功能。欧洲的用户在材质上更加追求纯棉质地,花色上偏爱纯色等,同时真丝枕套等也颇受欧美顾客的喜爱。美国的用户对床垫、枕头这类产品的品牌、品质要求相对较高。被罩、毯子这类产品虽然是床上用品,但是消费者对它们的品质、品牌要求都相对较低。这一品类有足够大的市场份额,在材质、花色、功能等属性上有延展性,给予了中国卖家足够大的施展空间。床上纺织品主要产品见图4-15。

图 4-15　床上纺织品主要产品

热销产品:被子、毯子、枕头、枕套。

热销站点:美国、欧洲。

热卖月份:9月至次年3月。

供应链产业带:浙江、江苏。

价格区间:20~200美元。

4.1.16　床垫类

根据P&S Market Research分析,全球床垫市场在2022年产生408.101亿美元收入,到2030年预计将达到690.777亿美元,预计复合年增长率为6.80%。

根据产品特点统计,记忆泡沫类别在2022年占据了最大的市场份额。事实证明,患有骨科疾病(例如关节不适)的人经常选择记忆海绵变体,因为这类产品使用起来更舒适。此外,这些产品因其价格低廉且易于获得而被用于商业领域。

到2022年,大号尺寸类别在市场上的收入份额最大,约为38.5%。未来几年将以显著的复合年增长率增长。

消费者对床垫的材料和舒适度要求的关注点是最高的,欧美大多数家庭基本不超过3年就会更换床垫。欧美用户关注产品的功能性,例如床垫硬度,是否防螨防虫,对产品的安全性要求极高。卖家针对不同区域消费者可做个性化设计,例如为德国顾客设计稍硬的床垫,为法国顾客设计稍软的床垫。顾客更看重高性价比,所以对品牌的关注度不会太高。床垫类主要产品见图4-16。

图 4-16 床垫类主要产品

热销站点：美国、欧洲。

热卖月份：全年，下半年是旺季。

供应链产业带：佛山、南通、义桥、浙江、江苏、广东。

价格区间：100～300 美元。

4.1.17 电子产品类

电子产品主要有消费电子产品和家居电器产品。

消费电子产品产业带主要位于广东省，中国制造的大部分消费电子产品生产工厂分布在深圳、广州、东莞三个城市。

消费电子设备包括用于娱乐(平板电视、电视机、MP3 播放器、录像机、DVD 播放器、收音机等)、通信(电话、手机、台式电脑、笔记本电脑、打印机、碎纸机及周边产品)等电子产品。据 Statista 分析，到 2023 年，消费电子市场的收入将达到 11030 亿美元。该市场预计每年增长 2.17％。消费电子市场最大的部分是电话部分，到 2023 年市场规模为 4983 亿美元，人均消费为 143.60 美元。在消费电子市场，到 2023 年总收入的 45.9％将来自在线销售，销量预计将达到 91.81 亿台。消费电子类主要产品见图 4-17。

电子产品的主要趋势包括使用先进材料、有机电子和小型化。此外，人工智能和物联网等颠覆性技术使智能制造成为可能。

热销产品：降噪耳塞、数据线、游戏耳机、插座、数码相机、投影仪、蓝牙音箱、四旋翼无人机、便携式充电器、4K 电视等。

热销站点：美国、欧洲、亚洲。

图 4-17 消费电子类主要产品

热卖月份:全年,下半年是旺季。

供应链产业带:深圳、广州、东莞、福建、浙江。

价格区间:10~200 美元。

4.1.18 灯带类

据 Market Watch① 数据分析,2022 年全球软性 LED 灯带市场规模为 7.4 亿美元,以 9.26% 的复合年增长率增长,到 2028 年达到 12.5 亿美元。LED 灯带市场的主要驱动因素包括生产成本、基本原材料、竞争对手、产品线和宽度。灯带类主要产品见图 4-18。

图 4-18 灯带类主要产品

---

① Market Watch:一个提供金融信息、商业新闻、分析和股票市场数据的网站。它是道琼斯公司的子公司,道琼斯公司是新闻集团的财产。

LED灯带遍及北美和欧洲。人们喜欢在各种聚会和假期(尤其是圣诞节)为房子配上智能灯带。灯带在户外应用的场景也很多,所以防水是用户关注的重点,其条形设计用于通过背胶将其固定在干燥平整的表面上。对于灯带,用户主要关注颜色、亮度的可调节性、长度、控制方式、场景应用和安装便利性等。

热销站点:北美、欧洲、亚洲。

热卖月份:全年,下半年是旺季。

供应链产业带:广东、福建。

广东省是中国灯饰厂最多的地区。中山被誉为中国灯饰之都,中国80%以上的装饰灯都是在这里生产的,此外,佛山和惠州也具有竞争力。福建也有很多有竞争力的照明企业,主要集中在厦门。许多国际知名品牌在这里都有OEM供应商。

价格区间:15～80美元。

4.1.19 空气净化器

据The Insight Partners[①]报告统计,全球空气净化器市场规模将从2021年的139.7亿美元增长到2028年的269.0亿美元,2022年至2028年的复合年增长率为9.8%。这种增长归因于技术创新和产品组合扩展。高效滤网过滤器技术领域主导市场,2021年收入份额约为40.0%。亚太地区为空气净化器的主导市场,2021年收入份额最大,约为42.0%。人们对先进空气净化技术的认识不断提高是推动欧美空气净化器市场增长的重要因素。欧洲人对灰尘和其他颗粒物过敏,对空气净化器的需求正在上升。随着人们对健康的关注度不断提高,空气净化器安装数量越来越多,人们越来越关注空气净化器是否使用高效滤网,滤网更换频率如何,可以处理的房间面积大小,净化效率如何,是否支持智能家居,也关注其是否低噪声、是否有睡眠模式、智能化App控制等。如果是大件净化器,需解决物流及安装售后等问题。空气净化器主要产品见图4-19。

热销站点:北美、欧洲、亚洲。

热卖月份:全年。

---

① The Insight Partners:一家位于纽约市的美国风险投资和私募股权公司。该公司投资于成长阶段的技术、软件和互联网业务,是一家领先的市场研究公司,通过全球市场分析提供定制和快速研究解决方案。

图 4-19 空气净化器主要产品

供应链产业带：佛山、顺德、东莞。

价格区间：50~200 美元。

4.1.20 除湿机

2021年全球除湿机市场规模为39亿美元。到2030年，全球除湿机市场预计将增长至71亿美元，在2022年至2030年的预测期内除湿机市场将以7.0%的复合年增长率增长。除湿机主要产品见图4-20。

图 4-20 除湿机主要产品

除湿机在家庭中广泛使用，以控制空气中的水分含量并防止细菌滋生。因此，除湿机的这些用途将有助于市场的增长。此外，除湿机在工业环境中的应用将使市场激增。

2022年,美国的干燥剂除湿机市场规模为1.573亿美元。该国目前占全球市场份额的28.75%。值得注意的是日本和加拿大,在分析期间分别增长2.3%和3%。在欧洲,德国以约3%的复合年增长率增长,而欧洲其他市场将达到4920万美元。

此类目的产品可考虑移动便捷性、成本、技术升级、可自由调节湿度,除湿量为每天15～33L,适合20平方米以下的洗手间或地下室等空间使用、智能化操作等,大件产品需解决物流及安装售后方面的问题。

产品关注点:除湿量、适用面积、易操作、低噪声、低耗能、蒸发冷凝、质保时间。

热销站点:北美、欧洲、亚洲。

热卖月份:6—12月。

供应链产业带:佛山、顺德、东莞、慈溪。

价格区间:50～240美元。

4.1.21 风扇类

电风扇市场将以3.09%的复合年增长率增长,2021年至2026年市场份额将增至27亿美元。根据Tech Navio对市场数据的研究分析,虽然2020年以来电风扇市场增长受到了负面影响,空调使用量增加等因素也阻碍了市场增长,但研究分析了历史数据并推断出电风扇市场在逐步增长,推动市场增长的关键因素之一是具有成本效益的电风扇供应链。电风扇是一种廉价、容易获得的家用电器,在世界范围内被广泛使用。风扇类主要产品见图4-21。

图4-21 风扇类主要产品

电风扇制造商在制造过程中使用了多种原材料,包括钢板、漆包铜线、滚珠轴承、钢棒、刀片、绕组线和PVC。市场由众多供应商组成,电风扇制造商可以低价批量采购原材料。

原材料成本低导致生产成本低,将有助于市场增长。在风扇品类中不断增加的产品创新是一个关键的市场趋势,将在未来几年产生积极影响。电风扇的创新主要表现在提高技术、性能效率、设计、外观和便利性。供应商强调在产品中使用物联网,通过云计算技术进行远程控制。这种吊扇越来越受欢迎。

市场推出了抗病菌和除尘吊扇。这些风扇覆盖有防菌涂层,可防止细菌滋生。由于市场对优质风扇的需求不断增加,对无叶风扇的需求很大,采用先进技术的创新产品将有助于市场的增长。空调使用量的增加将成为电风扇市场面临的主要挑战。空调是世界上广泛使用的家用设备之一,因为它具有更多的功能和更有效的冷却技术。在预测期内,吊扇部分的市场份额增长将非常显著。吊扇部分占全球电风扇市场的份额最大。吊扇被广泛使用,因为它们比落地风扇和壁挂式风扇具有更高的安全性和更好的冷却效果。人们越来越多地使用吊扇作为装饰器具(灯具)以及该细分市场中创新产品数量的增加是预测期内推动该细分市场销量增长的主要因素。

人们对落地风扇的主要功能需求有可调倾斜度、节能、适用面积、静音、遥控功能、机身纤细、智能操作、LED 控制面板、优美的外观设计、易清洁等。

热销站点:北美、欧洲、亚洲。

热卖月份:夏季。

供应链产业带:佛山、顺德、东莞。

价格区间:30~150 美元。

4.1.22 取暖器

典型的取暖器通常采用线圈、丝带(直的或波纹状的)或电线条状材料,它们像灯丝一样散发热量。当电流流过时,它会发出红光,并将电能转化为热量向外散发。

欧洲是最大的取暖器市场,市场份额约为 29%。北美约占 27% 的市场份额。

根据市场研究公司 Growth from Knowledge[①] 向德国之声提供的数据,自 2022 年初以来,德国的取暖器销量高达 95.4 万台。2022 年 1—8 月,德国市场的取暖器销量

---

① Growth from Knowledge:这是一家面向全球消费品行业、始终在线、人工智能驱动的智能平台,提供咨询服务。

同比增长76%。有趣的是,结合五个欧洲大国(德国、英国、法国、西班牙和意大利)的销售额,取暖器总销量下降了5.1%。这意味着,一些欧洲国家在减少购买取暖器,德国却在疯狂抢购。Growth from Knowledge 在一份声明中表示:2022年1—8月的增长仅受德国大幅增长的推动。与前一年同期相比,所有其他市场在2022年1—8月的价值和数量上均出现负增长。个别零售店证实了这一趋势。取暖器主要产品见图4-22。

图 4-22　取暖器主要产品

取暖器的特点有静音、节能、散热好、制暖快、无毒环保、电油汀表面温度安全、无须加油、外壳使用防烫材质等。在欧美极寒天气环境下,取暖器非常实用,产品设计可考虑便携、温度均匀、智能控温、安全性方面(如自动断电)等。日本家电消费趋势偏好体积小、功率小的产品,可针对日本趋势选品。

热销站点:北美、欧洲、亚洲。

热卖月份:冬季。

供应链产业带:广东、浙江。

价格区间:20～150美元。

4.1.23　吸尘器

随着真空吸尘器的需求持续增长,制造商正在转向新技术创新来满足这一需求。其中一些创新包括可以检测和清洁特定类型的污垢及宠物毛发的智能除尘器,以及无须人工协助即可在狭小空间内导航的自主机器人吸尘器。这些发展将持续推动全球真空吸尘器市场的销售额增长。到2028年,全球吸尘器销量预计将达到1.58亿台。由于清洁度的提高,吸尘器行业正在快速增长。该行业的Dyson、Bissell、Miele、Aerus

和 Hoover 拥有超过 55% 的市场份额,并且由于其创新产品和强大的营销活动,销量还将进一步增长。其中,Dyson 以超过 20% 的市场份额占据市场主导地位。事实上,该公司在英国吸尘器市场占有超过 50% 的份额。2021 年,Dyson 仅在英国就售出了超过 1200 万台吸尘器。该公司的产品在全球范围内被数百万人使用。Dyson 在开发世界上的先进真空吸尘器方面有着悠久的历史,并以其创新的设计和强大的电机而闻名。Dyson 还生产一系列手持式真空吸尘器和配件。吸尘器主要产品见图 4-23。

图 4-23 吸尘器主要产品

如今,机器人吸尘器在世界范围内越来越受欢迎。这要归功于它们的诸多优势,如比传统吸尘器更高效、更易于使用。到 2028 年全球吸尘器出货量预计将从 2021 年的 1293 万台达到 2370 万台。

这一市场增长由亚太地区和西欧地区引领,预计将占总出货量的一半左右。亚太地区到 2028 年吸尘器出货量将接近 1180 万台,但到 2040 年这一数字有望飙升至 3100 万台。其中,吸尘器市场的全球出货量有望在同年超过 6140 万台。对吸尘器的需求增加是由于消费者越来越偏爱高效且易于使用的吸尘产品。这些机器能够快速彻底地清洁大面积区域,因此在住宅和商业用户中很受欢迎。

根据 Sky Quest 最近的调查结果,美国、印度和越南是吸尘器的最大进口国。另一方面,中国、韩国和越南是吸尘器的前三大出口国。美国占全球进口量的 25% 以上,其次是印度。

消费者对吸尘器的关注点重点在于吸力、重量、清洁便捷性、续航时间。欧美用户居住的房子都很大,吸尘器是否足够强力、续航时间是否够长、垃圾储存空间是否够大十分重要,而且吸尘器本身也不能太重,否则会导致消费者使用不便。另外对宠物毛发的吸尘能力也是十分重要的卖点,吸尘器需要便于清洁,吸尘十分钟、清洁半小时肯定不是消费者所希望的,同时,一机多用的智能电动拖把增长迅猛,卖家可考虑该产品方向来拓宽品类。

热销站点:美国、欧洲、日本。

热卖月份:全年。

供应链产业带:浙江、江苏、广东。

价格区间:40~400美元。

4.1.24 机器人真空吸尘器

机器人真空吸尘器市场的一些主要参与者包括小米、松下、三星、夏普、Dyson、Neato Robotics、ILife Innovation、Ecovacs和LG等。这个市场的增长促进了Roomba、iRobot和Hoover等新品牌的推出。

随着机器人真空吸尘器越来越受欢迎,制造商正在努力寻找新的方式来营销。机器人真空吸尘器生产商采取的一些增长策略包括通过在线销售增加销售额、瞄准医院和学校等特定市场以及开发新产品。全球电子商务行业的快速增长正在推动全球家用吸尘器市场增长。大型零售连锁店主导着家电分销。由于消费者购买行为转向在线零售,电子商务平台的需求量很大。品牌方通过在线销售产品,公司可以瞄准比实体店更广泛的客户群。在线业务的增加使制造商能够瞄准可能无法访问传统购物场所的潜在客户。

2021年,全球机器人真空吸尘器(产品见图4-24)市场的零售额约为44.8亿美元。由于对自动化家用电器的需求不断增加以及家庭劳动力成本不断增加,从2021年到2028年,机器人真空吸尘器市场预计将以23.2%的复合年增长率增长。此外,各家公司推出与空气净化器一体的清洁机器人,也刺激了产品需求。空气净化清洁机器人提供了一种自主和智能的解决方案,用于主动检测、跟踪和清除室内空气污染物。iRobot是该行业迄今为止最大的公司,占2021年全球市场总份额的57%。

由于2020年第一季度和第二季度亚洲及欧洲国家的进出口完全封锁壁垒,制造公司被迫暂时关闭供应链制造。在第二季度,住宅用户对机器人真空吸尘器的需求不断增加。2021年,泳池清洁机器人市场价值为7.95亿美元,由于技术不断进步,预计到2030年将达到50亿美元。此外,各公共安全机构对清洁游泳池制定了严格的规定,为该领域提供了充足的增长机会。例如,美国卫生与公众服务部自2005年起就强

图 4-24　机器人真空吸尘器主要产品

制要求定期清洁酒店的泳池。用户重点关注智能清扫方式、拆卸清洁是否便捷、续航时长、打扫面积、吸力、低噪声、是否支持智能家居，扫地机器人对产品技术门槛要求较高，如无须人工干预、自主导航系统以及记忆系统等。此类的价格区间也很大，它需要满足不同国家认证，具体要求可以参考亚马逊卖家平台。

热销站点：北美、欧洲、亚洲。

热卖月份：全年。

供应链产业带：浙江、江苏、广东。

价格区间：100～500 美元。

4.1.25　空气炸锅

根据 Allied Market Research[①] 按最终用户和销售渠道划分的全球空气炸锅市场调查《2019—2026 年全球机会分析和行业预测的新报告》，2018 年全球空气炸锅市场规模为 8.943 亿美元，预计到 2026 年将达到 14.257 亿美元，2019 年至 2026 年的复合年增长率为 6.1%。

空气炸锅与传统的油炸锅相比，使用的油量更少。市场研究公司 NPD Group[②] 称，空气炸锅仍然是最热门的电器之一（图 4-25）。这种小型厨房用具还可以烘烤和重

---

①　Allied Market Research：Allied Analytics LLP 的市场研究、咨询和顾问公司。该公司成立于 2013 年，一直致力于为领先的市场参与者、初创企业、投资者和其他利益相关者提供高质量的联合和定制市场研究报告、咨询服务及有用的见解。

②　NPD Group：是一家美国市场研究公司，成立于 1966 年 9 月 28 日。根据独立的 AMA Gold Report Top50 报告，2017 年，NPD 位列全球第 8 大市场研究公司。

新加热食物,所需时间仅为烤箱或炉灶所需时间的一小部分,为日常用餐提供了方便的解决方案。在过去的十年中,空气炸锅产品的功能在不断发展,空气炸锅曾被认为是制作薯条、炸鸡块和鸡翅的绝佳厨房用具,但事实证明,它的功能远不止于此。空气炸锅的市场份额增长,数字空气炸锅细分在预测期内将非常显著。大多数供应商都专注于数字空气炸锅,确保产品创新,从而增加全球数字空气炸锅的销量。

图 4-25 空气炸锅

热销站点:美国、欧洲、日本。

热卖月份:全年。

供应链产业带:中山、宁波、慈溪、佛山、东莞等。

价格区间:50～300 美元。

4.1.26 制冰机

制冰机市场预计以 5.12% 的复合年增长率增长,市场规模预计到 2029 年将达到 66.5 亿美元。制冰机是一种使用各种组件制造的电子机器(图 4-26),组件包括电机、压缩机、冷凝器、蒸发器、节流阀和加热元件。这个品类专注开发可持续的制冰机,目标是减少电力和水的总体消耗,以提高机器的效率。

制冰机销量在食品和饮料行业、海鲜和肉类食品加工业快速增长。在这些行业中,冰用于保存原料以及冷冻和新鲜的产品,这推动了全球制冰机市场的增长。酒吧、高档餐厅中的鸡尾酒、饮料和冰的混合使用也推动了市场增长。此外,生活方式的改变和人均收入的提高促进了快餐连锁店的发展。这些因素加上储存易腐物品(主要是

图 4-26　制冰机主要产品

食品和食品配料）的需求增加，正在推动制冰机市场发展。

制冰机根据产品类型分为方冰机、片冰机、冰块机等。冰块在住宅和商业领域的使用越来越多，推动了该领域制冰机市场的增长。北美地区制冰机在 2021 年占据了最大的市场份额，占 36.91%。制冰机市场的增长归因于冰在餐饮服务行业、咖啡连锁店、酒吧和休息室的高渗透率。爆款制冰机的特点是制作冰块快速，制冰能力超强，使用简单，噪声小。

热销站点：美国、欧洲。

热卖月份：全年。

供应链产业带：广州、宁波、慈溪、佛山、东莞等。

价格区间：80～500 美元。

4.1.27　家庭健身类

健身类产品有带电和不带电的类目，市场潜力大且发展迅速的主要是带电的产品。2022 年 10 月，环球新闻社统计 2021 年全球家庭健身市场规模为 113 亿美元，预计到 2030 年市场规模将达到 173 亿美元，2022 年到 2030 年的复合年增长率为 4.9%。2021 年北美家庭健身市场收入集聚超过 45% 的市场份额。根据分析，美国 54% 锻炼的人购买了健身器材。亚太地区家庭健身市场增长将在 2022 年至 2030 年的预测时间内创下值得注意的复合年增长率。在具体应用中，2021 年女性生育细分市场占比超过 70%。健身器材在线销售激增推动了家用健身器材市场的发展。家庭健身市场增长因素主要有肥胖患病率上升和年轻人对健康生活方式的意识提高。家庭健身器材主要有椭圆机、健身车、跑步机、登山机等。根据家庭健身市场预测，线下细分市将主导全球家庭健身器材市场,占据了相当大的市场份额。终端用户、公寓健身房将在预测期内在全球家庭健身市场创下历史新高。心血管类的健身设备需求促进了全球家庭健身市场的增长。随着人们越来越意识到肥胖的危害,如心脏病、高血压和糖尿病,将需要更多高性能的健身器材。健身俱乐部和健身中心采用高端设备来适应不断变化的消费者需求,市场有望获得更大的吸引力。健身类主要产品见图4-27。

图 4-27　健身类主要产品

热销站点:美国、欧洲、日本。

热卖月份:全年。

供应链产业带:丽水、永康、德州、广州等。

价格区间:50～400美元。

4.1.28　母婴类

根据Statista分析,预计到2026年全球婴儿护理产品市场价值约为887.2亿美元。这比2020年的市场估计值673.5亿美元有了大幅增长。母婴类产品包括玩具、喂养配件、湿巾、一次性尿布、身体护理产品和安抚奶嘴等。

随着消费者转向实用、卓越的产品,全球优质母婴类产品需求快速增长。越来越多的父母需要卫生和保湿产品,例如面霜和湿巾,以避免皮肤感染和尿布疹。此外,父母在儿童保育上的支出比以往任何时候都多。例如,根据2021年4月报告的Move.org数据,截至2021年3月哥伦比亚特区的父母将其收入的26.3%用于婴儿护理,其次是马萨诸塞州(24.4%)、印第安纳州(21.9%)和纽约州(21.3%)。另外,CNBC LLC于2020年1月发表的一篇文章称,有五岁以下孩子的美国父母在早期儿童保育和教育上的支出超过420亿美元。

婴儿安全和便利领域预计将大幅增长。对安全的需求推动了婴儿汽车座椅的市场。越来越多的互联网用户、快节奏的生活方式以及电子商务平台的渗透,将推动这些产品的在线分销。详细的产品描述、产品比较功能、产品评级和评论以及便捷的换货和退款选项进一步增加了母婴类产品在线上渠道的销量。母婴类主要产品见图4-28。

图4-28 母婴类主要产品

热销站点:美国、欧洲、日本。

热卖月份:全年。

供应链产业带:深圳、珠海、淄博、台州、宁波、广州等。

价格区间:10~200美元。

4.1.29 个人护理类

根据 Research Dive[①] 的数据,到2027年,全球化妆品市场价值预计将超过4578亿美元,复合年增长率为5.1%。推动全球化妆品市场增长的关键因素之一是主要市场参与者实施新技术和推出新产品。化妆品见图4-29。

传统美容和个人护理领域在2021年占据了最大的市场份额,达到84.9%。与有机产品相比,传统化妆品价格低廉,而且通过全球各种分销渠道易于获得,这些都推动了该领域产品销量的增长。然而,传统化妆品通常含有高比例的石油基成分,如果不适当提炼,不仅对皮肤有害,而且因需要大量开采,可能危及野生动物和土壤,这可能

---

① Research Dive 是一家位于印度浦那的市场研究公司。为了保持服务的完整性和真实性,该公司提供的服务完全基于其独有的数据模型,并采用360度研究方法,凭借对多个付费数据资源、专家研究团队和严格职业道德的前所未有的访问权限,保证分析全面准确。

图 4-29　化妆品

会阻碍细分市场的增长。

有机产品将见证市场的强劲增长,这些化妆品采用有机原料配制而成,对皮肤安全,无刺激性,有助于保护环境和生物多样性。消费者对使用有机化妆品的好处的认识不断提高,预计将提高该类型产品销量。此外,越来越多的公司提供清洁和有机的美容和个人护理产品,可能会在预测期内推动该细分市场的发展。

2021 年,护肤产品占美容和个人护理产品市场的 33.8%。这归因于含有草药、植物提取物和水果提取物等天然和有机成分的化妆品越来越受欢迎。

护发产品在预测期内的复合年增长率将超过 7.0%。护发产品用于解决各种头发问题,如头发卷曲、分叉、脱发、头皮屑以及头皮干燥或发痒。各种护发产品的可用性,如洗发水、护发素、发胶、发蜡、护发素、发油和染发剂,以不同的形式满足不同客户的需求,将在预测期内推动细分市场的增长。

专卖店在 2021 年占据了 35.7% 的最大市场份额,这得益于此类商店在全球范围内不断增长。这些商店一直专注于提供天然和不含化学物质的美容和个人护理产品,以激发顾客的兴趣,并允许他们在购买前从众多品牌中进行选择。此外,导购帮助顾客选择适合的化妆品,也推动了这一细分市场的增长。

预计电子商务渠道将在 2022 年至 2030 年实现较快的复合年增长率。电子商务平台日益普及,能覆盖本地和国际客户,并提供有吸引力的折扣,在线销售渠道部分预计将获得 491 亿美元的收入。2022 年 Tech Navio① 报告称,高端化妆品市场价值将增

---

① Tech Navio:一家全球领先的技术研究和咨询公司,专注于新兴技术趋势,于 2003 年在伦敦成立,在全球拥有约 200 名分析师,涵盖 80 个国家/地区的 500 多项技术。

长517.5亿美元,从2021年到2026年的复合年增长率为6.6%。

互联网普及率的提高和为覆盖更广泛的受众而进行的目标营销推动了细分市场的增长。此外,在线平台提供的大幅折扣和优惠将促进美容和个人护理产品在这一领域的销售。

亚太地区在2021年占据全球市场38.9%的份额,预计在预测期内将呈现最快的增长速度。日韩的美容和个人护理虽基本趋于饱和,但需求还是有增无减。印度的职业女性人数不断增加,她们对美容和个人护理产品的兴趣和消费能力不断增强。此外,这些国家中可使用互联网的年轻人口不断增长,将为区域市场的增长提供巨大的机会。

在美容和个人护理产品方面,欧洲消费者(特别是英国、法国和德国的消费者)越来越倾向于使用天然化妆品。由天然成分制成的护肤和护发产品的需求不断增长以及韩国化妆品品牌不断扩张,预计到2027年,全球化妆品市场规模不断扩大。

在北美,消费者愿意花高价购买化妆品,尤其是美国和加拿大的消费者。这些地区消费者更高的消费能力和领先企业的存在将推动区域市场发展。

按类别划分,护肤和防晒产品预计将占据主导市场份额,并在预测期内产生1642亿美元的总收入。

按性别划分,由于女性美容和化妆品产品的使用率高,预计女性细分市场的增长率最高,到2027年收入将达到2334亿美元。

世界各国的人群体质不一样,所以市场需求有差异。美国人的皮肤一般都比较干燥,而且毛孔都比较明显,销往美国的化妆品会针对这些特点进行制作。因此美国化妆品的特点就是浓度高。日韩市场的用户对护肤是比较重视的,因此日韩化妆品有很多种类,每一个种类都有独特的用途,如去角质、补水、控油。欧洲化妆品的显著特点就是有适合各种人群的化妆品,相对都是比较高质的产品。在化妆品的类目里还有很多化妆品周边工具,欧美的细分功能很明确,有针对某个具体的功能设计,如脸部脱毛工具等。

热卖月份:全年。

热销站点:欧洲、北美、日本。

供应链产业带:广东、浙江、四川。

广东省广州市是中国最大、最齐全的化妆品生产基地,也有多家化妆品加工厂。

价格区间:5～30美元。

4.1.30 宠物类

宠物对欧美的家庭来说,它们就是家庭成员。人们在宠物身上花的钱越来越多,这反映在不断发展的宠物行业上。这些消费模式对宠物行业业务的人来说是个好消息,因为预计未来几年市场规模将大幅增加。

宠物消费增长不仅限于食物和零食越来越多的宠物行业趋势已经扩展到宠物健康和保健、美容和配饰。让我们先详细了解一些主要的宠物行业统计数据(数据来自Petkeen[①])。

2023年全球宠物市场价值将达到2610亿美元。2022年美国人在宠物上花费近1096亿美元。投资银行公司预测,到2030年,千禧一代和Z世代[②]将保持高达14%的增长率。全球天然宠物食品市场价值228亿美元。42%的宠物主人会在优质宠物食品上花费更多。宠物补充剂销售额从2019年到2020年增长了116%,并且还在继续增长。到2025年,宠物美容行业预计将增长到145亿美元。在美国,83%的狗和17%的猫都有保险,2021—2025年间,宠物配件市场预计将增长92亿美元。超过50%的宠物主人愿意为环保宠物护理产品支付更多费用。从2021年到2027年,宠物技术市场将以22%的复合年增长率增长。2023年美国人在宠物购买万圣节服装方面预计花费4.9亿美元。宠物行业中呈上升趋势的分支是宠物食品、健康和保健、宠物美容和用品以及旅行。宠物类产品见图4-30。

从2022年到2027年,宠物技术市场将以22%的复合年增长率增长。宠物配件变得越来越技术化。垃圾箱是自动清洁的,项圈有GPS定时功能,宠物可以在定时系统上喂食。宠物技术的兴起有助于满足宠物主人白天的需求以及宠物的需求。由于技术是不断发展的,宠物技术领域的新发明和发展会越来越多样化。

---

① Petkeen:该公司的平台提供有关狗、猫、鱼、鸟和爬行动物的装备和营养信息,使宠物爱好者能够解决与宠物有关的问题。

② Z世代:美国及欧洲的流行用语,意指在1995—2009年间出生的人,又称网络世代、互联网世代,统指受到互联网、即时通信、短信、MP3、智能手机和平板电脑等科技产物影响很大的一代人。

图 4-30 宠物类产品

2019—2020 年 Insurance Information Institute[①] 对美国的市场调查表明,高达 67%的美国家庭拥有宠物,这意味着有 8500 万个家庭至少拥有一个宠物。如果卖家想成为宠物行业市场的参与者,可尝试在宠物用品中选择几个有利可图的垂直细分市场。个人宠物美容、遛狗和看护宠物是有利可图的。美国有超过 130 万人从事宠物行业,这个数字将继续增长。美国的宠物产业将会继续增长,宠物市场的销售额在过去十年中只增不减,宠物行业的上升趋势带来了商业机会。60%的 Z 世代宠物主人为宠物购买了 2020 年的节日礼物。在 Z 世代之后,49%的千禧一代为他们的宠物购买了礼物。

热销站点:美国、欧洲。

热卖月份:全年。

供应链产业带:邢台、东莞、义乌、宁波、广州等。

价格区间:10~70 美元。

4.1.31　办公用品类

2020 年全球办公用品市场规模为 1273 亿美元。预计该市场将从 2021 年的 1305 亿美元增长到 2028 年的 1494 亿美元,2021—2028 年间的复合年增长率为 1.9%。根据分析,2020 年全球办公用品市场份额增长低于 2017—2019 年的平均同比增长。企

---

① Insurance Information Institute:是一个美国行业协会,其存在是为了提高公众对保险的认知,了解保险的作用和运作方式。该协会为消费者、媒体、研究人员和公众提供广泛主题的信息,包括汽车保险、家庭保险、人寿保险、年金、健康保险、长期护理保险和伤残保险。该网站还包含着众多财务结果、灾害、气候变化和保险业面临的其他关键问题的论文、演示文稿和情况说明书。

业主要使用计算机、打印机和其他管理用途的工具来进行工作交流、记事统计和数据存储活动(图4-31)。全球不断发展的企业部门对办公用品的需求变得越来越细化,如今主要确保产品的质量和准时交付,以保持和提升其在市场办公用品市场的市场份额。例如,2021年10月,The ODP Corporation(欧迪办公)推出了"20分钟取货承诺"。全球办公用品市场分析基于不同的细分市场,如办公桌、归档、装订、计算机打印机耗材等,其他部分包括各种产品,如书写文具、日历、记事本、夹子和紧固件,以及胶带和黏合剂。由于消费者对文具、日历和书写文具(如钢笔、铅笔、纸张和其他用途的文具)有较大需求,其细分市场占据了主要的市场份额。

图4-31 办公类产品

目前市场的很多企业基于创新技术定期推出桌椅家具等办公桌和文具,这些领域将增长得更快。例如,2021年5月,小米公司在中国市场推出了贝氪(backrobo)智能托腰办公椅。此外,全球远程工作人群对符合人体工程学设计的椅子的需求不断增长,将进一步支持办公桌的细分市场增长。

热销站点:美国、欧洲、亚洲。

热卖月份:全年。

供应链产业带:安吉、宁波、深圳、东莞、佛山等。

价格区间:10~200美元。

以上就是部分跨境类目产品的市场分析、热销站点、热卖月份、供应链产业带及价格区间,卖家可以据此进行筛选。

4.2 亚马逊常规选品思维解析

亚马逊的选品思维具体流程:目标市场调研→产品分析调研→类目产品测试→产品供应链解析→营销规划→产品或包装设计→前期测款→产品销售期→产品迭代期。

4.2.1 目标市场调研

详细了解目标市场的产品容量规模、消费结构和消费者行为习惯,初步分析新产品在目标市场上的定位,分析该品类的产品在市场的具体销售情况,调研时间3～10天。

市场调研较直观的方式是在亚马逊平台进行品类销售数据分析,可快速判断该品类的产品的市场规模,如厨房秤(图4-32和图4-33)。

图4-32 厨房秤类目前十排名

我们通过选品软件可以查询到品类的整体销量及TOP100的ASIN各销量的数据,如厨房秤类目的当月整体销量为436416(此为查询当月的预估数据,仅做参考),虽然此类目的ASIN数量超过了5万,但是排名前十的销量几乎占了整个类目销量的一半。

如果需要研究消费者习惯或需求,最便捷的方式就是利用亚马逊店铺的品牌分析

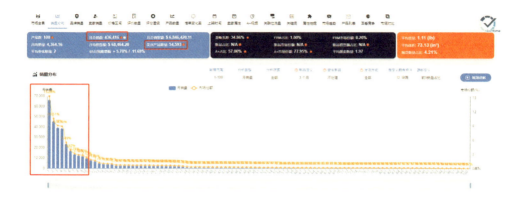

图 4-33　厨房秤类目销量预估

功能直接搜索该产品，该产品相应的属性词都会根据搜索量排名展现出来，如厨房秤（图 4-34）。

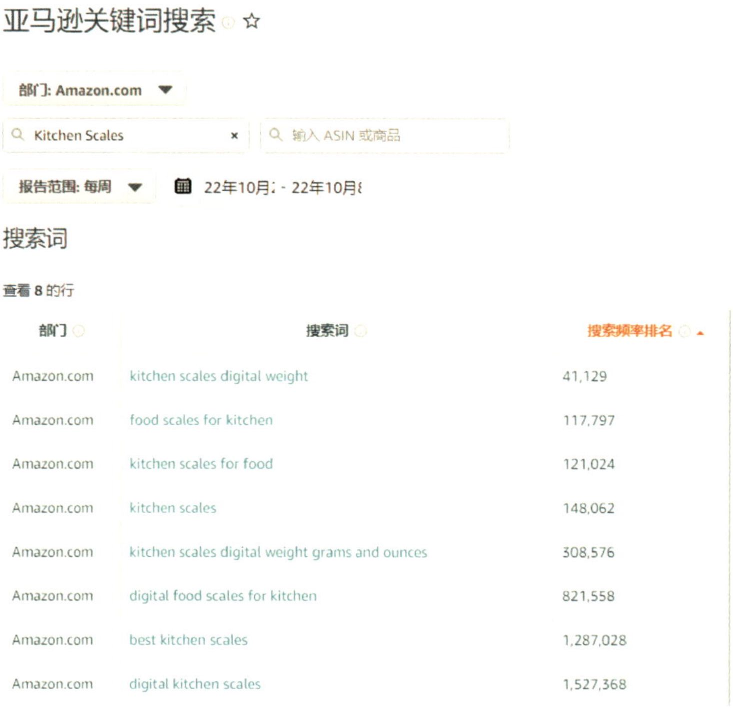

部门	搜索词	搜索频率排名
Amazon.com	kitchen scales digital weight	41,129
Amazon.com	food scales for kitchen	117,797
Amazon.com	kitchen scales for food	121,024
Amazon.com	kitchen scales	148,062
Amazon.com	kitchen scales digital weight grams and ounces	308,576
Amazon.com	digital food scales for kitchen	821,558
Amazon.com	best kitchen scales	1,287,028
Amazon.com	digital kitchen scales	1,527,368

图 4-34　厨房秤客户搜索词排名

关于厨房秤,消费者的各项搜索长尾词就展现出来了。这些关键词的搜索指数可以反映某类型的产品在市场的受欢迎程度。关于厨房秤,最多的搜索词就是"kitchen scales digital weight",那该词"厨房秤数字重量"就是需求最多的词。

4.2.2　产品分析调研

确认需开发的类目产品后,对该类目产品的用户特征、产品的设计和功能进行详细整理分析,时间 3～10 天。

经上述市场调研分析后,对热销产品的外观、功能、属性、重量、价格等进行详细了解,通过这些特点和数据分析开发哪些产品具备优势和潜在机会,特别是针对用户的习惯和定位人群分析出潜在的各种可能性,分析出近期上架的产品销量是如何增长的。在亚马逊平台产品销量增长的主要原因有品牌影响力、产品价格、站外流量推广、站内广告及活动促销,无论采用哪种方式都离不开产品的创新和差异化优势。

比如厨房秤类目新上架的某个产品销量能持续增长,产品特点就是便于收藏和携带。这种特点是否会成为市场上受欢迎的热点,通过销量增长可验证结果(图 4-35)。

图 4-35　某厨房秤的独具特点

4.2.3 类目产品测试

如果是全新的品类或全新的产品,需要通过一定的时间使用该类目的产品来全面了解和测试该类目产品的特性,找出可优化的方向,时间 15~30 天。

首先需获取类目热销产品的样品,需要通过各种场景和环境来对产品进行实际应用和评测,在使用的过程中体验产品带来的优点和痛点,挖掘可以进行产品迭代的方向。同时要详细分析产品的结构、材质、性能、属性等,找出该产品的显著特点,为新品开发找到精准定位。若开发一个不熟悉的品类,想要快速了解该品类的产品,就必须要自己反复试用该类目的系列产品并总结。以电动牙刷为例,如果卖家对这个品类比较陌生,分析该品类就不能光靠研究 listing 页面,对销量排名靠前的产品,需拿到实物进行周期试用并拆解,详细分析该产品的核心部位。这样,卖家会发现产品的关键点就是电机和电池。卖家还应了解电动牙刷的工作原理,各款电动牙刷的材质和物理属性、优势、特点等。电动牙刷类目 TOP10 见图 4-36。

图 4-36 电动牙刷类目 TOP10

通常我们会选用该品类销量突出的品牌系列产品作为样品,在测试过程中需要一定的周期持续观察,整理该品牌的系列产品的各项特点,根据 listing 的评论表现,重点关注该产品的差评内容,验证是否属实,是否可优化解决(图 4-37 和图 4-38)。额外要关注的是,该品类的产品的专利情况需仔细查询和备注,关于专利查询的细则在第 7 章会详细讲解。

				健康净白型			HealthyWhite+	EasyClean		Elite+			PowerUp
飞利浦		HX6921	HX6761	HX6730/6711	HX6721	HX6712	HX8962	HX6512	HX6511	HX3226	HX3216	HX3631	HX3130
	震频	31000	31000	31000	31000	31000	31000	31000	31000	23000	23000	15000	15000
	续航	21天	21天	21天	21天	21天	21天	14天	14天	10天	10天	120次	14天
基本参数	充电方式	座充	座充	座充	座充	座充	座充	座充	座充	座充	座充	座充	座充
	2分定时、30秒分区	√	√	√	√	√	√	√	√	√	√	仅有2分钟定时	仅有2分钟定时
	Easy-start 刷牙动力增强	√	√	√	√	√	√	√	√	√	√		
	电池类型	锂电	锂电	锂电	锂电	锂电	锂电	锂电	锂电	镍氢	镍氢	干电池	镍氢
	标准模式	√	√	√	√	√	√(3档)	√	√		√	√	√
	美白		√	√	√	√	√（3档）						
	抛光												
模式	牙龈保护	√								√			
	敏感	√		√	√								
	按摩	√											
	速洁	√											
	深层清洁												
模式数		5	2	3	3	2	2档，3种强度	1	1	1	1	1	1
	隐藏式模式显示												
	充电指示灯	√	√	√	√	√	√						
	刷头个数	标准牙刷头1个	标准牙刷头1 个	标准牙刷头1个	标准牙刷头1个	标准牙刷头1 个 迷你牙刷头1 个	标准牙刷头1 个 迷你牙刷头1 个	标准牙刷头1 个 迷你牙刷头1 个	标准牙刷头1个	牙龈健康 1个	标准牙刷头 1个	PowerUp 柔软刷头1个	标准牙刷头 1个
	配件	旅行收藏盒	旅行收藏盒	旅行收藏盒	旅行收藏盒		旅行收藏盒						

图 4-37 统计类目典型代表的各项特点

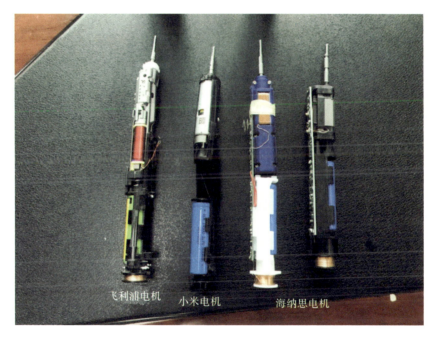

图 4-38 产品测试、拆解分析

4.2.4 产品供应链解析

我们了解产品后，再来分解该产品的部件。以电动牙刷为例，它由可充电干电池、微型直流电机、电池盒、牙刷头、方案主板、外壳、塑胶件及金属护板等组成。我们应对该产品的上游供应链进行了解和收集，对各供应链的规模、品质进行对比。如卖家销售的产品不是自主设计研发的，需对供应商提供的各产品的设计、结构、成本、问题进行归纳总结,并对比分析,然后结合供应商的各项指标筛选最合适的供应链,时间30～60天。

寻找供应链是产品开发的重要环节,这决定了选品的最终品质。首先我提一个概念——"产业集群"。简单来说,集群就是同行业的公司聚集在一起的现象。产业集群具有专业特色明显、有一定规模、配套体系完整、产业链完整、政务服务规范五个特点。中国现在有100多个产业集群,其中80%左右位于沿海地区。大部分产业集群分布在浙江、江苏、广东、山东四省。每个地区都有自己的优势,比如原材料、零部件、廉价劳动力、专业劳动力或物流优势。如果买方从位于相应产业集群的供应商处采购,这些优势将成为买方的竞争优势。

与产业集群内的供应商合作有哪些优势呢?

第一,产业集群的劳动力相对丰富,工厂可以节省大量的劳动力成本。在产业集群中熟练和廉价的劳动力很容易找到,因此,产品的生产成本较低,该领域的工人擅长生产特定产品,产品的质量能够得到保证。

第二,同一地区同行业的厂家很多,他们之间会有价格竞争,可以提供低成本和有吸引力的报价,卖家有更多的选择。

第三,地区有许多上游供应链为工厂的最终产品提供零部件,形成了良好的产品基础设施。这有助于工厂更灵活地调整生产周期,通常也会加快生产速度。

第四,聚集供应商的区域由于竞争激烈,机械设备相对比较先进,更能满足产品风格和工艺要求。

如果了解了产业带的分布,可以找到产品的两三个产业集群,可以对产品做出分析对比,如区分质量水平。例如,在安全鞋产品方面,中国拥有三个产业集群:广东(高质量)、温州(中等质量)和山东(低质量)。

卖家可能很难知道每个产品的具体生产地区,但可以从省市开始了解,再通过走访了解产品的生产城市,这样已经超过了80%的对手。

卖家可以先从熟悉产业带开始,逐步建立供应链的积累。供应链的整理分析是决策产品生产管理的核心环节,特别是新卖家接触新的类目时,不知从何入手。首先新卖家需尽量多拜访类目产品的工厂,先通过网站找出工厂地址,可以选择距离较近的工厂实地拜访。工厂因业务需求很欢迎新客户的考察,卖家可通过与多家工厂的反复沟通,可得到类目产品的供应链整体情况,如大品牌的代工厂、工厂规模及成立时间、年销售量、工厂负责人特点、工厂环境等信息,进行 A、B、C 分级,A 级为最优质的工厂,B 级为待提升但可考虑合作的工厂,C 级为不考虑合作的工厂,但可持续观察。选择 A 级工厂合作具备的优势是品质管控比较好,因为与大品牌合作的工厂,特别是与国际知名品牌合作的工厂,都有比较完善的供应链管控流程,一定会进行相关的资质认证。但这类工厂一般接的订单较大,所以卖家需要通过工厂多方面了解行业信息,尽快让自己变得专业,不然工厂不可能重视一个既不专业、订单量又不大的卖家。通过具体分析,卖家可以根据自身特点和类目特点选择合适的工厂合作。关于供应链开发的具体流程详见 4.3 节的供应链开发过程解析。

4.2.5 营销规划

品类的分析及供应链的开发工作完成后,可以进一步完善产品的规划,该过程涉及产品的资金、推广、规划等,时间 3~10 天。

为什么在产品生产前就需要考虑到营销规划,甚至在选品前就需要先思考品牌的初衷和方向呢?产品研发的前提是对市场用户的分析,发现了什么问题,为什么要解决这个问题,这个是结合问题去设计的产品,也是如何结合问题点给出解决方案去实现产品的过程,后续如何配合推广方案进行一系列的动作等,比如说产品的解决痛点的方式如何展示,产品是否有传播性、复购性,如果是可持续的复购的产品,将如何结合营销活动增加客户的黏性,产品如何规划,从功能来分析引流产品、利润产品、营销产品等。

4.2.6 产品或包装设计

如果产品是 OEM[①] 模式,自己设计模具,产品差异化是重点;如果产品是 ODM[②] 模式,不涉及个人模具,包装差异化是重点,时间 7~15 天。

除了产品本身的特点,产品包装涉及售后的环节,如让消费者在开始使用产品时了解操作流程(如扫二维码直接跳转到视频),或使用过程中遇到问题怎么快速联系到

---

① OEM:original equipment manufacturer(原始设备生产商),指由采购方提供设备和技术,由制造方负责生产,提供人力和场地,采购方负责销售的一种现代生产方式。OEM 厂家通常拥有充足、廉价的劳动力,提供国际市场所需的制造、组装产品的委托服务。我国往往称之为"贴牌生产""代工生产""委托生产""委托加工""定牌制造""生产外包"等。

② ODM:original design manufacturer(原始设计制造商,也可以说是原始品牌制造商),指由采购方委托制造方,由制造方从设计到生产一手包办,最终产品贴上采购方的商标且由采购方负责销售的生产方式。

官方(如直接扫码跳转到邮箱联系入口或 Messenger 联系入口等),以及如何参与营销活动(如在售后卡中说明消费者在某社交媒体上@官方,可以参加某活动或领取某物品等)。售后卡设计见图 4-39。

图 4-39　售后卡设计

4.2.7　前期测款

少批量生产第一批产品,通过市场反馈产品的稳定性及销售数据。如果有多种产品,可同时上线测款,但这不是铺货,是从市场角度筛选产品架构,分辨出明星类、瘦狗类、问题类、金牛类产品,时间 30~90 天。

前期测款的简要方式就是利用第一批销售区域的粉丝,或者通过前期的基础形成小部分的 KOL,搜集相应的建议。如果问题较多,需要做些调整。通过小批量的测试后,可以通过众筹平台进行第一批推广和销售活动,根据市场的真实反馈使产品更优。

4.2.8　产品销售期

通过前期的产品测试,明确产品定位,持续优化供应链,保持产品的稳定性,时间为 1~2 年。有了产品的前期预热和小批量测试,把产品的风险降到最低。产品销售期的产品开发就交接给营销团队大力推进。可进行周期性的复盘,了解市场的变化和客户反馈,配合营销团队解决售后等问题。

4.2.9　产品迭代期

通过产品销售期后,收集市场反馈的各类信息,对产品进行升级(时间不限)。成功的企业会不断思考如何维持成功的产品或延续公司的业务。为了管理交付产品,需要规划增量流程。目的就是不断迭代产品让公司或产品生命周期更长久。这将确保整个产品演变是有效的,并且可以在整个开发过程中变得相对容易,最终的结果会影响到企业决策者、公司、团队和客户。产品迭代指南具体如下。

1. 什么是产品迭代?

在商业中,当我们谈论迭代时,会指出一个循环改进的产品。例如,经过多次会议反馈评估,最终要求产品具备完善的新功能。

如果卖家的收入和资源有限,并且想从头开始设计或制造产品,将不可避免地考虑到能否负担得起研发费用等,将时间或精力浪费在不确定或难以定义的产品创意上是绝对不行的,因为卖家想采用产品策略。因此,使用迭代开发创建适合的产品,财务风险更小。

Space X 的产品就是一个很好的例子。制造火箭的方法被称为迭代开发,二十年前,没有人相信这项业务会颠覆整个行业。但是,产品经历创建、测试和评估开发方法等周期,团队不断致力于产品目标,最终能够提供越来越完善的产品。Space X 建立在反复测试的基础上,在飞行时进行测试。此外,产品迭代的目标是立即开始检验一项功能,而不是花费数月时间分析如何实施它。这是一种边做边学的方法,拒绝在项目的早期阶段过度思考。

2. 如何迭代产品

假设卖家研究产品创意已经有一段时间,准备好的几个设计方案正处于开发阶段,产品团队也有几个原型,可以通过对比测试产品,确认最终的方案。卖家也可以请求用户反馈并开始接触潜在投资者,如卖家有投资方或商业客户,通过沟通看如何改进他们的业务。这样的反馈至关重要,因为它可以导致微小和巨大的变化,因此卖家可以不断改进产品细节。

迭代过程对于最小可行产品(MVP[①])至关重要。创建 MVP 不仅是营销过程,也是一个迭代过程,其作用是识别用户痛点,并确定适当的产品功能,随着时间的推移逐

---

① MVP:minimum viable product,最小可行产品,是新产品(或主要新功能)的发布,用于在开发功能更全的产品之前验证客户需求和为了满足需求减少开发时间和工作量,最小可行产品仅包含成为可行的客户解决方案所需的最低功能。其功能刚好可供早期客户使用,他们可以为未来的产品开发提供反馈。

步满足这些需求。因此,卖家可以遵循以下 3 个简单步骤进行迭代。

首先,卖家应了解产品的目标及其功能,它解决了市场的什么问题?其次,它提供什么好处以及以什么形式提供好处?最后,确定目标客户及其需求。一旦卖家这样做了,就会很容易地发现市场机会。创建简短的反馈循环将帮助卖家定期确定需要改进的地方。如果需要一年的时间才能收到反馈,那么卖家可能没有时间等待。因此,请卖家确保创建一个涵盖业务各个方面的评估系统。需要记住的重要一点就是习惯尽早更改和迭代。

3. 迭代设计的意义

迭代设计的过程适合所有的产品,应用于整个产品的开发过程。迭代开发是设计、测试、原型制作和完善产品的多个版本的循环。其目的是提高产品的质量,完善产品的功能。

卖家应在迭代过程中开发原型。原型应该由与产品无关的小组审查或讨论以提供公正的意见,并纳入下一次设计迭代。这个过程应不断重复,直到用户问题被限制在可接受的水平。请记住,迭代设计旨在不断改进和更新产品,以便以最佳方式满足用户需求。

4. 迭代流程

在设计某产品时,卖家首先要明确用户可能遇到的问题。卖家可能希望客户快速找到产品并完成订单。卖家可以通过多种方式了解客户的日常生活并找出他们的痛点,如用户访谈或调查问卷,找出他们最迫切想要解决的问题。下面将迭代设计分解成 4 个阶段。

①寻求解决方案。一旦确定了要解决的问题,就可以开始寻求解决方案。这应该是一个相当快速和粗略的过程,不要在细节上浪费时间。可以快速写下一些想法,然后进行讲解。

②通过反馈之后,卖家可以选择一两个概念制作原型,便于在投入生产之前对它们进行测试。原型设计是一种成本效益较高的方法,可以检查方案如何执行,并将成本控制在一定范围。原型可以是简单的纸笔线稿或 3D 模型。如果团队有不止一个想法,可做出多个设计并测试,收集用户反馈,并评估哪些是最佳方案。

③原型出来后,团队应与使用该产品的人联系以获得反馈。不要误以为反馈只来自管理团队或客户公司的高管,应从市场上真正有需求的人那里获得反馈。确保将原

型交到将要使用产品的人手中,以获取客户反馈。从市场的用户测试中获得的反馈将是卖家真正需要的内容。

④卖家必须创建某种指标来分析与要解决的问题相关的原型。根据反馈的结果卖家通常有两个选择,要么推进当前的设计并继续开发,要么重新开始。在第一次迭代后,通常可能需要再迭代一次。一旦设计令人满意,迭代就可以停止。

上述过程可简化:定义想法,通过反馈,创建原型,并促进与潜在客户的沟通访谈,产品获得验证后就加快推进生产。

4.3　品牌新品开发逆向思维

中国目前是世界上最大的生产制造国,可以说中国具备制造世界一流产品的能力。但中国走向世界的品牌并不多,很多制造业的企业尝试向产品品牌方向转型,但最后往往失败,为什么?这个与从事制造业的大多数企业家的思维有很大关系。国内制造业企业面对的都是商务客户的需求,客户需要什么,工厂就制造什么,制造业企业基本上按需生产。长此以往,制造业企业管理人员的思维就变成了纯粹的产品制造思维,主要的特点就是如何实现客户产品设计的可行性,如何选择产品材料和控制产品成本,而不思考为什么要这样做,这样做的真正意义是什么。我要说明的是新品开发逆向思维而非产品思维。

中国制造业发达,很多企业做出了行业里质量好且性价比高的产品,但受欢迎程度相比竞争对手相差甚远。比方说苹果公司为什么可以引领世界智能手机行业的发展方向?苹果公司在创立之初很多其他团队或公司与之相比更有资源和能力,但这些企业却没能成功,而苹果公司成功了。这里不得不详细分析产品开发的逻辑思维,独特的思维造就了非凡的结果。

我们会看到这样的案例:有些企业的产品质量并非特别好,价格还更高,却比另一些价低质更优的产品卖得贵,并取得成功。其成功可能是营销推广、渠道资源或资金雄厚等,但这些都不是核心。这里一定有很多一般人看不到的因素在起作用。

我分析了众多成功的案例。这里不得不提到西蒙·斯涅克著名的法则,即"黄金圈法则"。

第一个层面是what，就是呈现出来的现象，具体做的事情或开发出来的产品。

第二个层面是how，就是如何完成想要做的事情或如何设计制造产品。

第三个层面是why，就是为什么做这样的事情？理念或信念是什么？这一层面能激发大众激情和梦想，而不是仅仅满足个人利益。

生意人卖的只是产品：产品(what)，怎么做的(how)？为什么要这样做(why)？

企业家卖的是梦想：我有一种理想和执念(why)，为实现理想我是怎么做的(how)，我做出了什么(what)。

黄金圈法则是认知世界的方式，可以用于产品开发。这里逆向选品思维就是why→how→what的过程(图4-40)。

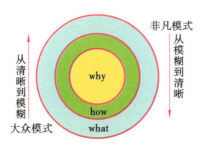

图4-40 黄金圈法则

很多企业和个人成功的原因就在于思考方式与一般人不同。他们都是从"why"到"how"再到"what"由内向外地思考。而另一些企业和个人知道自己在开发什么产品(what)，也知道怎么做，如何实现(how)。很多产品开发商会认为新的设计、新的外观和专利是独特价值或核心竞争力。但是，真正明白自己为什么做(why)的人少之又少。有的人可能会说：为什么做？当然是为了赚钱啊。其实赚钱只是一个结果，这绝不是做一件事的核心价值。"为什么"是指：做这件事想改变什么？这样做的最初动机是什么？能解决什么问题？有怎样的信念？甚至有些人只停留在"what"这一层，连怎么做都不知道，更不可能思考为什么做了。

如果苹果公司的思维跟市场上大多数公司的思维一样，那苹果产品推向市场的营销方案应该会这样写："我们只做行业中最好的电脑，我们只做质量最好的电脑。我们的设计简洁，质感高级，操作简单，界面时尚。您一定有不一样的感受和惊喜！"

市面这类广告并不少，如图4-41所示为某条街的餐馆宣传语——"做品质最好的小龙虾"。这就是大多数人宣传的方式。

图 4-41 某美食街的餐馆宣传语

我们可以理解为"苹果是一种生活方式,充分让每个人的个性得到尊重并发挥,设计出了能为用户持续提供能量的产品,这样的产品用户接受吗?"

why:苹果是一种生活方式。

how:充分让每个人的个性得到尊重并发挥。

what:设计出了能为用户持续提供能量的产品。

可见,苹果公司的理念首先提倡的是"why"的内容,即企业为什么要做这件事?它是为了创造一种生活方式。事实上,苹果产品引领了全球智能产品的发展方向,确实改变了很多人的生活方式。

所以为什么消费者除了购买苹果电脑,还支持苹果公司的其他系列产品,如iPhone、iPad、Apple Watch 等。其他电脑公司难道就没有这样的产品吗?比如戴尔曾经推出过平板电脑、MP3,产品质量非常好,但并没有像苹果公司那样获得成功。用户购买苹果系列的产品,实际上消费的是理念和价值观,甚至说产品会让用户的生活方式发生改变,个性得到发挥。

我用苹果公司的产品举例,大家可能会认为,这家企业已经很成功了,无论怎么分析都对,但我们必须把核心的前提条件提取出来。如果没有这样的思维,产业是不可能成功的。我们再来分析身边的事情。比如说每座城市都有那么几条小吃街,是餐厅扎堆的地方,人气特别旺。如果某个店铺突然转让,很快有人接手,为什么呢?因为在这里开餐馆能挣钱,甚至有些没有做过餐饮的人也想把商铺盘下来,然后思考如何设计店铺,如何制作菜品,如何推广,再慢慢完善各个环节。如果店铺能盈利,就继续做;如果亏损,就马上放弃,转让店铺去从事其他的行业。这种方式就是典型的由外而内的思维方式,是大多数人的思维方式。反过来思考:为什么要做这件事,为什么要开餐厅?很多人的答案就是挣钱。记住,挣钱只是结果,一定不是最终的目的。关于金钱都是物质上的方向,应往精神需求上引导。经营餐厅是为了给消费者提供食物,这是基础条件,餐厅如何改变人们的生活方式或创造一种完全不同的餐饮体验,或如何让消费者吃得更好?有些商家做餐厅一开始就会把注意力放在产品上,想把食物做到最好。其实这没有唯一的标准,商家认为最好的未必是消费者认为最好的,应站在消费者的角度思考,如何为他们带来更多价值。这时商家的思维需扩散,维度需提升。消费者常常为不知吃什么和怎么找到美食而烦恼,如何快速找到美食或心仪的餐厅?于是我们身边出现了大众点评。它有各个餐厅的菜品、服务、环境等评价。顾客可通过大众点评去评价高的餐厅用餐。如果顾客足不出户就想吃到各种美味,可选择美团外卖。美团的使命就是"帮大家吃得更好,生活更好"。其实同样是做餐饮,一个是做餐厅,一个是做整合,两者差异那么大,这就是思维方式不同导致的结果。

消费者购买产品,更重要的是对公司理念的认可。公司应将产品卖给与公司有共同理念的人。同样是开发产品,逻辑思路不一样,结果也会大相径庭。公司招聘员工不仅雇佣那些需要一份工作的人,更重要的是雇佣那些与公司有共同理念的人。他们会付出激情、热血和梦想。这种案例太多了。

比方说 Space X,它在 2006 年至 2008 年试射了 3 次火箭,均以失败告终,而此时 Space X 早已债台高筑,再有一次失败,公司将破产。当时几乎没有人看好 Space X,有人称 Space X 自主研发的火箭为"橡皮筋+密封蜡的组合"。Space X 的对手波音戏称 Space X 的火箭是用"自行车零件"造的。"除非我死了,否则永远不会放弃。"这是当时马斯克对外界的唯一回应。正是这种坚韧不屈、冒险精神造就了马斯克独特的个人魅力,为他吸引到了许多优秀人才。

这么优秀的企业,有人可能会觉得薪酬应该很高,但实际上并不高。据统计,Space X 员工的平均收入只有硅谷的一半。但 Space X 每年都能收到近百万份简历,但最终录取人数不到 5000 人,录取率低于 0.5%。

这就是这家企业最具有魅力的地方,"我的钱有一半将用于帮助解决地球上的问题,另一半用于在火星上建立一个自我维持的城市,以确保所有生命的延续,以防地球像恐龙时代那样遇到流星袭击,或者世界大战的发生,我们摧毁了自己。"

将 Space X 从破产边缘拯救回来的关键人物是 Space X 的第 7 号员工 Shotwell(图 4-42)。她因为一句"我想认识'其他太阳系'的人",与马斯克一拍即合,义无反顾地加入了 Space X。

正如 Space X 的员工所说:"我们来 Space X 不是为了满足马斯克的需要,而是为了满足我们的需要。"你会发现这些伟大的企业无不是在激发每个人的梦想,共同创造一个平台,尊重每个人的个性,共同去改变这个世界。"您是想卖一辈子糖水,还是跟着我们改变世界。"这是乔布斯挖走百事可乐总裁斯卡利时所说的经典名言。虽然这些案例和选品没有太大关系,但本质一样,员工既能为马斯克的情怀工作,也能为自己的梦想去工作,消费者也能为相同的理念和信念买单。

图 4-42 Space X 的第 7 号员工 Shotwell

再举个案例,大多数人都没听说过塞缪尔·兰利这个人。20 世纪初期,研发飞行器的热潮就像当今的互联网热潮,每个人都在尝试,兰利也是其中一员。兰利在飞行器研发上花费了 70000 美元(按现在的购买力计算约为 200 万美元),大部分资金来自美国陆军部的拨款,资金不是问题。他在哈佛大学工作过,也在史密森尼学会工作过,人脉极其广泛。他也雇用了最优秀的人才,他研究飞行器的优势非常明显。《纽约时报》对他做跟踪报道,每个人都支持他。但在首飞中,兰利在尝试起飞时坠入波托马克河。

与此同时,几百千米之外的俄亥俄州代顿市有一对兄弟,奥维尔·莱特(Orville Wright)和维尔伯·莱特(Wilbur Wright),他们俩没有任何一般人认为的成功要素。这对兄弟建造的飞行器成本不到 1000 美元(按现在的购买力计算约为 28000 美元)。这是他们从自行车业务中赚取的利润。莱特兄弟的团队中没有一个人上过大学,也没有知名媒体追踪报道。

在 1903 年 12 月 17 日,莱特兄弟成功起飞(图 4-43),但当时没有其他人在场目睹,大众在几天后才知道。

图 4-43 莱特兄弟首飞

莱特兄弟追求探索,追求创造新方式,他们是不考虑任何利益的人。在他们著名的首次飞行 31 年后,奥维尔·莱特反思了他们的不同之处。一位记者在采访时告诉奥维尔,他们兄弟俩体现了美国梦,他们是两个"没有钱,没有影响力,没有其他特殊优势"的卑微男孩。但奥维尔回答道,"说我们没有特别的优势并不准确。我们在童年时期确实有不同寻常的优势,如果没有这些优势,我怀疑我们是否能取得很多成就……对我们最有利的事情是我们在一个总是鼓励求知欲的家庭中长大。如果我的父亲不是那种鼓励孩子们追求知识兴趣而不考虑任何利益的人,我们对飞行的好奇心早就被扼杀了,无法有后面的成就。"

而兰利就不同了,他想要成名,要变富有,他追求的是最终结果。那些心怀梦想的人和莱特兄弟一样想创造未来,而兰利的团队则是为了工资而工作。

记住,人们买的不是产品,而是信念。所以产品开发者一定要明白信念是什么,特别是企业负责人或产品负责人。

全球知名的众筹平台 Kickstarter、Indiegogo,这里都是梦想家聚集的地方。如果一个人想在这里众筹成功,一定要把要做这件事情的目的解释清楚,提出自己的理念,说出自己的故事,与消费者产生共鸣,成功设计并开发出体现公司理念的产品,才能在这个平台上众筹成功。

在黄金圈法则"why"的过程中,大家可能会思考原因是"机缘巧合""生活所迫"

"为了挣钱"等。也许有的人一时想不明白为什么这么做。但在做产品开发前或在创建这个品牌前,一定要有核心的内容。我把"why"的内容框架分解,其中有个必不可少的部分,即理念和信念,也是价值观的全面体现。该内容最佳的表达方式就是故事,也可以简单理解成为品牌故事。

如果我们把做的某个产品当作某个人,那么产品只是这个人的躯壳,这个人的价值观、世界观一定是通过做事呈现出来的。

我们打开亚马逊的页面,很多产品主图都差不多,很难做出选择。

比方说图 4-44 中的 Bath Bombs 类目的主图,它们非常相似,很难分辨。其实真正想吸引大众,不应单靠这个页面。

图 4-44　Bath Bombs 类目主图系列

如其貌不扬的 Papi 酱全网粉丝超千万,视频平均播放量过千万。她传递的视频内容贴近大众,很容易能引起大众的强烈共鸣。她的视频真正引起大家关注的是内容,而不是容貌。再如,李子柒在 YouTube 有上千万粉丝。视频内容诠释了一种生活方式,对生活的热爱,对未来的热爱,而这种热爱,也触动了千百万人。

这种表现内容用故事形式呈现给大家,并没有讲述具体产品,都是在寻求观众的共鸣,而且故事内容正好能表达对生活的态度,诠释自己的价值观。

在开发产品的同时,应该构建一个能带动用户情绪的故事,把产品和故事结合,在后续的营销推广中有非常重要的意义。品牌故事讲述是一种营销方法,它利用了故事与他人建立需求,从而建立品牌知名度,使受众关注营销渠道并建立信任。

首先我们来定义品牌故事。

什么是品牌故事？

品牌故事就是叙述在客户和品牌之间建立情感、形成价值驱动的联系方式。

在有效的品牌故事中，讲述者描绘人物、事件、地点和场景时，将观众与品牌所代表的价值观联系起来。如果向职业运动队销售运动器材，可以讲述关于目标获胜的激情故事，或在加时赛中输球的巨大失望。讲述者的任务是始终如一地通过描述故事使品牌和产品成为对客户有意义的一部分，不能只是重复谈论产品或品牌。

网站和社交媒体的宣传为品牌故事增添了活力。

在讲述品牌故事时，品牌标识、设计和内容能够创造一致、积极的品牌联想。虽然制定策略是营销团队的工作，但选品的人也需要与营销团队进行良好的沟通。营销人员的工作是了解产品的受众用户，讲述与用户产生共鸣的品牌故事，而不仅仅是试图进行销售。以引人入胜的故事为基础的营销策略更有可能随着时间的推移形成较高的品牌忠诚度。这就是有的亚马逊卖家持久投入站外营销工作销量越来越好的原因。

很多品牌一开始在公司和产品中就嵌入了一个有意义的故事，例如TOMS鞋（图4-45）在创立之初就开创了One for One模式，而另一些品牌必须想出一个使他们的产品有意义的创意故事。比如美国在线眼镜零售公司瓦尔比派克（War by Parker），它提供的眼镜价格更实惠，更环保且易于在家试戴，从而彻底改变了眼镜行业。该品牌背后有一个故事。品牌的一位创始人在研究生院上学的第一学期没有戴眼镜，因为他在一次背包旅行中丢了眼镜，而且眼镜太贵换不起。他和他的团队决定解决这个问题，并使用更环保的植物框架结构。

当一个消费者购买一副瓦尔比派克太阳镜时，另一个有需要的人也会得到一副眼镜。这意味着消费者的购买行为会方便他人，从而改变他人的生活。该公司使用Instagram和YouTube等渠道，通过专家来推广品牌，并讲述有关戴眼镜的人的有趣故事。

再以伯特的蜜蜂（Burt's Bees，图4-46）为例，它是世界上知名的天然护肤品牌。这家公司的建立始于一次偶然的搭便车经历。第一个大获成功的产品是用蜂蜡制成的润唇膏。伯特的蜜蜂官网在品牌故事方面做得非常出色。该品牌以吸引人的方式分享历史，任何品牌都可以从中学习。公司的核心价值以媒体的形式展现，从形象到标语，一切都与品牌故事相匹配。

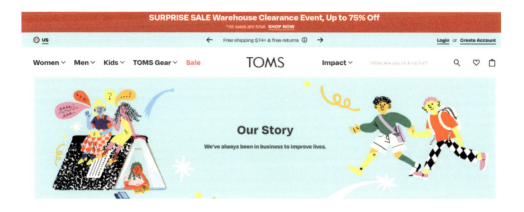

图 4-45　TOMS 鞋官网的故事板块

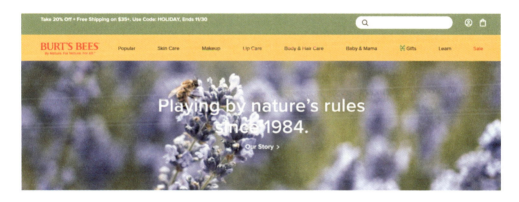

图 4-46　Burt's Bees 官网上的故事板块

伯特的蜜蜂的 YouTube 视频质量高,内容具有教育意义和娱乐性。其中还包括美容秘诀和简短的教学产品视频。多年来,伯特的蜜蜂通过基金会捐赠了 240 多万美元,并利用社交媒体活动种植了超过 10000 英亩的植物作为蜜蜂采蜜的来源。伯特的蜜蜂是一个很好的例子,公司做的每一件事都考虑到品牌故事。

如何在营销中讲述品牌故事呢?将品牌故事融入营销策划,取得效果需要时间和实践。如果公司有明确的故事内容,那么无论谁在讲述故事,都会始终如一地传达品牌故事,这非常有帮助。将品牌故事作为营销策略的一部分时,请记住以下内容。

第一,乐于助人,而不是大肆宣传。讲述明确、真实的故事比过度宣传更能引起听众的共鸣。如果品牌公司传递的信息听起来好得令人难以置信,那么它通常就是虚假承诺。公司应寻找与用户交流的故事,并讲述如何帮助他们。这样长期与用户互动,营销会变得越来越有趣和有效。

第二,把客户放进故事里。让客户讲述自己的故事。相关数据表明,92%的消费者在购买前会阅读在线评论,对于B2C和B2B品牌来说都是如此,因为成本和时间通常非常重要。将报价、案例研究和评论网站纳入营销策略有助于新客户在做出决定购买时更加有把握。

第三,始终如一地传达故事。品牌指南是确保讲述一致故事的一种方式,但它也必须始终如一地表达。脱节的视觉效果、不一致的徽标和过时的内容都可能导致消费者的不信任。结合数字资产管理(DAM)解决方案[①]等工具来支持品牌指南,并组织营销的品牌内容,将有助于确保内容获得批准认可、符合品牌属性且容易获取,更轻松地向观众讲述一致的故事。

在开始讲述品牌故事前,可借鉴上述例子,创建一个关于"你"是谁的故事,确定价值观和专业领域,并概述这些空间中的现实生活挑战。创建对客户有意义的故事,解决他们的问题并调动他们的情绪,而不是试图向他们推销产品。

准备好方案和内容后,开始将故事公之于众。请记住,品牌故事并不意味着一遍又一遍地讲述品牌或产品的故事,而应以真实人物的经历为中心,并向客户展示,建立情感联系,从而实现产品销售。

品牌故事讲述是品牌和营销的复杂组合。这里着重提到故事的环节,主要就是告诉大家在创立之初,勿忘初心。这里的故事是指一个能包含价值观和深远影响消费者理念的故事。

4.3.1 产品开发逆向思维的意义

在多年跨境电商的经历中,我遇到过很多亚马逊卖家,几乎所有卖家都没有黄金圈法则的产品开发逆向思维逻辑,也很难看到他们有方法来开发和管理一个成功的产品。通常经验丰富的产品经理凭借拥有的资源分析,完成产品开发,开发的产品可能成为爆品。很多卖家的成功有运气成分。靠完整的产品规划把新品完美按计划实施

---

① 数字资产管理(digital asset management,DAM)解决方案:包括围绕数字资产的摄取、注释、编目、存储、检索和分发的管理任务和决策。DAM软件使品牌能够开发照片、视频、图形、PDF、模板和其他可搜索并准备部署的数字内容库。

并成为爆款的卖家少之甚少。因此在市场发生变化的时候,很多卖家就很难生存。

有人会问:有产品规划做跨境就一定会发展得很好吗?可以这样理解,有产品规划的卖家可能会发展得很好。因为影响卖家发展的因素不是单一的,还有运营、推广、公司管理、团队等因素,但如果没有产品规划,那卖家未来一定发展得不好。因为所有的产品都有生命周期,所以产品规划是卖家成功的必备条件。

产品规划是产品管理的本质,需要在产品的整个生命周期内对其进行管理,从而提高生产效率,促进公司的发展。

首先我们需要对开发的产品进行初步的策划,这是识别所有产品达到相关要求的过程,也是新产品创意的过程。最初的头脑风暴一定要把为什么做这件事情思考清楚。

产品规划是每个产品实施过程中不可分割的一部分。公司根据实际情况,在运营良好的情况下,专注于产品开发、设计和生产过程。公司允许开发的产品,可能存在的风险和威胁一定是被评估过的。产品开发者或项目管理者在工作中需要产品规划来达到最佳结果,通过产品规划的管理和调度,根据时间规划的进度以合理的成本、适当的产品质量交付产品。

产品规划包括控制库存,完善的产品规划有助于将库存控制在适当的水平。库存计划需要与运营团队共同协商,根据产品的推广进度来明确产品的生产、备货、翻单计划等,控制原材料采购,降低成本,避免浪费资源,优化使用所需资源,实现最佳资源利用,对于一个品牌店铺,产品针对用户需求、市场变化、营销推广等需要有多元化、系统化的规划,更好地满足公司销售订单的需求,增加客户忠诚度、利润和销售额,最终形成良好的企业品牌形象。比如汽车品牌特斯拉有 4 个系列:轿车型的 Model S 和 Model 3,SUV 类型的 Model X 和 Model Y。

4.3.2 产品开发框架

每家公司都有适合其需求和要求的产品管理方法。重要的是,公司的产品管理方法能够创造出色的产品并确保客户满意度和整体的盈利能力。

什么是产品管理框架?产品管理框架是公司在产品创建过程中遵循的一组步骤,以优化开发优质产品所需的时间。产品管理框架可帮助公司在成功产品的基础上建立并应用相同的方法创建另一个可能成功的产品。

现在介绍几个产品管理框架。这些框架考虑了几种不同的因素。第一种是讲故事框架,这是基本的,也是一种标准方法。就像一个故事有开头、主体和结尾一样,在讲故事框架中,首先,需要确定故事是关于谁的,目标客户是谁。接下来,需要确定客户对产品的需求,然后寻找可以作为解决方案的替代品。然后,找到解决方案后,需要将其付诸实践。故事的结尾主要是从内容或分析中获得的结果,可以归类为结果参数,例如提升了多少效率,优化了多少流程,缩短了多少时间;等等。

第二种就是闭环设计框架,这是一组全面的步骤。首先了解产品需求产生的环境,尝试站在客户的角度思考客户的需求,列出客户可能需要该产品的原因。然后,提供对产品在市场中的预估的需求量和需求痛点,列出问题的预期解决方案,评估权衡,了解优先事项并相应地设计该产品,再从客户角色思考是否满足真正的需求,再进行评估。

第三种是产品拓新的框架,这是一个便捷的产品管理框架。首先制定获取新客户的计划,明确在获得客户后如何使他们获得良好的初始体验。再制定使客户多次购买的策略,思考如何设计产品,如何从客户那里赚钱,同时让客户推荐给其他人形成市场。

第四种是产品开发的时间和效率框架。建立坐标轴,其中横轴表示时间紧迫性(紧急和不紧急),纵轴表示任务重要性(重要和不重要)。四个象限分别是:重要的紧急任务,不重要的紧急任务,不紧急的重要任务,不紧急的不重要任务。

第五种是五种市场力量模型,产品在进入市场时的竞争力形成开发框架。制定的策略应基于以下五种市场力量的影响。第一种力量是新进入产品的威胁,即新进入的产品将如何影响已有产品在市场中的地位。第二种力量是替代的威胁,即消费者能否找到替代产品。第三种力量是供应商的影响力,即供应商在多大程度上决定产品的成本和可用性,如何把控供应链带来的风险。第四种力量是购买力,即买家对产品的价格浮动变化形成购买力的难易程度。第五种力量是竞争性,即竞争对手的产品有多强大和成熟。

可以用以上列出的产品管理框架来开发产品。每个框架都可以很好地与一种或多种类型的产品配合使用。然而,重要的是要有一个在自由市场上成功应用的具体计划。

在任何公司中,无论是早期的公司还是成熟的公司,没有某个人能完整负责产品开发。产品开发需要将各个部门联合起来,包括设计、工程、制造、营销、策划等。每个小组在定义、设计、构建、测试和交付产品的过程中都扮演着重要的角色。产品开发过程的复杂性使得产品管理尤为重要。

4.3.3 品牌逆向思维产品开发流程

新产品开发流程是将原创产品创意推向市场的过程,尽管产品开发过程因行业而异,但亚品牌新品开发逆向思维具体流程基本上可以分为七个阶段:构思概念→市场调研→规划产品线→原型制作→建立供应链→核算成本→面向市场(图4-47)。使用以上开发框架可将产品创意推向市场。

图 4-47　逆向思维产品开发步骤

1. 构思概念

构思概念是开发产品的关键一步,它可能来源于某个时刻的灵感。在构思阶段,需要解决问题,即使不一定确定最终解决方案。许多有抱负的跨境卖家卡在第一阶段:构思和头脑风暴。这通常是因为他们正在等待灵光乍现的一刻,找到应该销售的产品。虽然从根本上构建一些"新"的东西可以创造性地实现,但许多好的想法都是建立在对已有产品进行迭代的基础上。这里有个思维模型,可以通过询问有关现有产品的问题来快速提出产品创意。这些正是理念和故事产生的起点。如何从无到有地思考呢?我们可以从以下几个角度思考。

①替代品,例如仿真塑料盆景代替真实植物作为装饰品(图4-48)。

②组合,如杯子和吸管(图4-49)。

③修改,如设计更时尚的电动牙刷(图4-50)。

图 4-48　仿真植物

图 4-49　带吸管的杯子

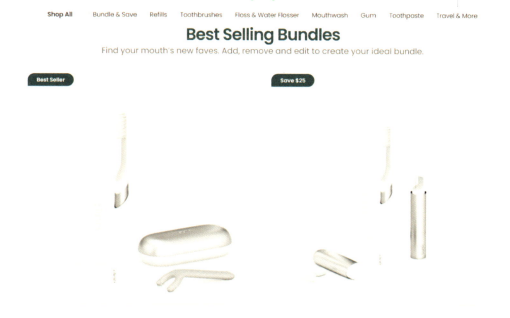

图 4-50　电动牙刷重新设计

④用于其他用途，如记忆泡沫或人造毛皮猫垫(图 4-51)。

图 4-51　人造毛皮猫垫

⑤消除,如摆脱中间商出售太阳镜,让利消费者(图 4-52)。

图 4-52　太阳镜

⑥反向/重新排列,如一个防止西装折皱的行李箱(图 4-53)。

图 4-53　防止西装折皱的行李箱

卖家可借鉴以上方法改善现有产品,甚至使它们适应新的目标受众或解决新的问题,使用分析中的洞察力定位也有助于更好地了解市场机会,更重要的是这个阶段形成了故事原型和价值理念。

2. 市场调研

并非所有成功的产品创意都是成功的商业创意,一旦有了解决问题的想法,进行市场调研是必不可少的环节。这个阶段需证明有市场需求并且验证产品可以销售。

验证产品创意有多种方式,内容如下:①在在线论坛上分享关于目标市场的想法;②发起在线调查以获取反馈;③开始众筹活动,验证想法;④测试营销,将想法发布到一小部分目标市场以获得初步反馈;⑤研究市场需求使用谷歌趋势分析;⑥启动产品发布路线图以通过电子邮件选择加入或预订数量来衡量受众的兴趣;⑦在论坛上寻求初步反馈。

无论以何种方式验证想法,重要的是从大量且公正的受众那里获得关于他们是否会购买产品的反馈。如果要创建产品,不要高估那些"肯定会购买"的人的反馈,在没有形成真正的消费行为之前,他们都不能算作客户。向家人和朋友征求意见也要避免将他们算作客户。

卖家可能需要进行可行性研究或评估某个想法是否值得投资,产品验证确保卖家正在制作和生产人们愿意付费的产品,验证研究不可避免地涉及竞争分析。如果某个想法在利基市场有可能占据市场份额,那么竞争对手有可能已经在该领域开展业务。访问竞争对手的网站并获取他们的电子邮件列表将有助于了解竞争对手如何吸引客户并进行销售。卖家可询问自己的潜在客户喜欢或不喜欢竞争对手的哪些方面,这对于定义卖家自己的竞争优势也很重要。从产品验证和市场研究中收集信息,有助于在开始计划之前衡量客户对产品的需求以及产品的竞争程度。市场调研是产品开发的关键部分,所以绝对不要忽视它。产品调研包括竞争对手分析,分析他们的弱点和优势,并找出自己的产品比竞争对手的产品更有优势的利基市场。

3. 规划产品线

在进行产品设计时,因为产品可能会变得复杂,所以在开始构建原型之前花时间进行规划非常重要。在这个阶段,产品路线图应清晰。当卖家最终接触制造商或开始寻找材料时,如果对产品的设计及其功能没有具体的想法,很容易在后续步骤中迷失方向。一开始可以使用手绘草图来描绘产品。草图应尽可能详细(图4-54),并带有解释各种特性和功能的标签。

构思设计不需要专业的图纸,主要是构思方案。在此阶段构思方案不会提交给制造商。但是,如果卖家不确定自己能否制作出清晰易懂的图表来表现产品,那么应寻找产品设计公司或产品设计师共同采用头脑风暴法构思产品,让设计师有更好的想法。设计公司和设计师可使用图表来创建不同功能或材料的产品,让产品设计达到理想的状态。图表不需要包含所有潜在功能,但它应该允许开始计划创建产品所需的基

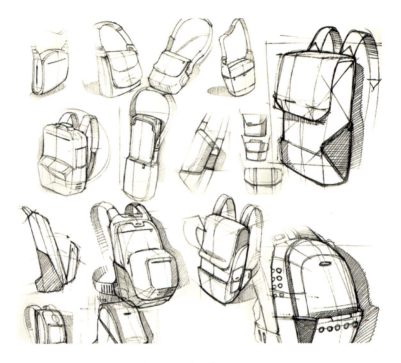

图 4-54 产品设计草图

本内容。例如,鞋子设计的图纸可以附有以下列表:鞋面、中底、鞋底、中垫、鞋跟、前芯、前板、鞋胫、后跟鞋套、月形芯、鞋边。

除了组件,还应该开始考虑产品零售价格和所属类别:该产品是日常用品还是特殊用品,使用优质材料还是环保材料。这些都是在规划设计阶段要考虑的问题,这样不仅可以指导产品开发过程,还可以指导品牌定位和营销策略。在继续采购和成本核算阶段之前,卖家还应考虑材料的包装、标签和整体质量。这些将影响卖家如何向目标客户推销产品。拥有清晰的产品路线图可以帮助确保卖家朝着将产品推向市场的目标前进。

4.原型制作

产品开发的原型设计阶段目标是创建成品,以作为大规模生产的样品(图 4-55)。原型制作通常涉及对产品的多个版本进行试验,慢慢消除选项并进行改进,直到确定最终样品。最小可行产品是保持最佳出货验证品质的一个很好的方式。

开发的不同产品类型,原型制作也有很大不同。最简便的做法是自己制作产品原型,例如制作食物和化妆品的原理。如果卖家从事相关产业或接受过培训,自己制作

图 4-55　原型制作

的原型还可以扩展到时尚、陶器、设计和其他垂直领域。卖家通常会与第三方合作制作产品原型。比方说在服装行业,卖家会与当地裁缝或制版师合作。对于玩具、家居配件、电子产品和其他硬件等,卖家可能需要制作 3D 渲染原型(图 4-56)。

图 4-56　3D 渲染头戴耳机

随着 3D 打印技术的发展,模型设计可以以更低的成本在更短的时间内制作出实物样品。比方说某位卖家制作了鸡的手臂玩具,他能够在预算有限的情况下在几天内完成这项工作(图 4-57)。

卖家还需要在此阶段开始测试最小可行产品,使其具备足够的功能供早期客户使用。它有助于在产品开发过程的早期验证产品概念。它还可以帮助产品经理尽快获得用户反馈,以便对产品进行迭代和小幅改进。初创公司向早期客户发布 MVP,然后进行实验以衡量兴趣、测试价格敏感度和传递消息等,通过这一反馈过程,根据客户提

图 4-57 鸡的手臂玩具

出的想法和建议,迭代产品,为目标市场构建更有价值的东西。

5. 建立供应链

一旦产品原型确立,卖家就该开始收集材料并确定生产合作伙伴,即构建供应链,创建产品并整合手中所需的供应商、各项活动和资源。在产品开发阶段,项目管理至关重要。虽然此阶段主要涉及寻找制造商或供应商,但也可以将存储、运输和仓储因素纳入。为不同材料寻找多个供应商以及潜在制造商。如果某一供应商或制造商出了问题,卖家还有备选项。在产品开发过程中,每个成品的制造都是不同的。在寻找供应商时,线上和线下都有大量资源,但许多企业选择参加专门用于采购的贸易展览。这样的贸易展览为卖家提供了一次与数百家供应商会面的机会,便于与供应商建立关系。从阿里巴巴上寻找供应商是一种方式。阿里巴巴是产品生产常用的采购平台。阿里巴巴是中国供应商和工厂的市场,卖家可在其中浏览制成品或原材料的清单。通过阿里巴巴寻找制造商的一种简易方法就是寻找相似产品,然后联系工厂是否可以定制产品。

6. 核算成本

成本核算是一个业务分析过程,卖家可以收集所有信息,并将销售成本加起来,以便确定零售价格和毛利率。首先创建一个电子表格,将每项额外费用作为一个单独的项目,包括所有原材料成本、工厂成本、制造成本和运输成本,还要考虑运输、进口费用和关税,以便将最终产品交到客户手中,因为这些费用会对成本产生重大影响。产品成本核算见图4-58。

时间	站点	头程RMB	头程USD	售价	coupon	采购成本RMB	采购成本(USD)	佣金比例	佣金费用	FBA	汇兑损失	CPC 8%	退货率 8%	成本总计	业务利润	业务利润率	汇率	毛利rmb	月最低销售	总毛利	总成本
	US	18.32	2.91	89.99		229.2	36.38	15%	13.50	6.18	-0.50%	7.20	7.20	73.37	16.62	18.47%	6.3	104.73	1000	104732.53	229200
	US	18.32	2.91	84.99	5	229.2	36.38	15%	12.75	6.18	-0.50%	6.80	6.80	71.82	13.17	15.50%	6.3	83.00	1000	82997.53	229200
第一个月	US	18.32	2.91	62.99	30%	229.2	36.38	15%	9.45	6.18	-0.50%	5.04	5.04	65.00	(2.00)	-3.18%	6.3	-12.62	1000	-12623.43	229200
	US	18.32	2.91	45.00	50%	229.2	36.38	15%	6.75	6.18	-0.50%	3.60	3.60	59.42	(14.42)	-32.05%	6.3	-90.86	1000	-90860.74	229200
	US	18.32	2.91	69.99	20	229.2	36.38	15%	10.50	6.18	-0.50%		5.60	61.57	8.42	12.04%	6.3	53.07	1000	53067.49	229200

图 4-58　产品成本核算

如果卖家能够在构建供应链阶段获得不同材料或制造商的多个报价,可以为每个项目内容添加不同的数据来比较成本。计算出总销货成本后,卖家可以制定产品定价策略,并从该价格中减去销货成本,以获得每个销售单位的潜在毛利率或利润。

然后是将产品推向市场。此时,产品开发团队将主导权交给营销部门以发布产品。产品推出后,需要制定产品的生产和营销计划。随着添加更多功能以及采用整体销售和营销方法,需建立相关团队并制定定价及相关工作。营销推广需要花费巨额资金才可能迅速引爆市场,但大多数卖家没有太多广告的预算。这时可以通过使用以下策略来运行市场推广策略。

- 将品牌故事和产品发布信息通过电子邮件发送到订阅者列表;
- 与 KOL 等影响者合作开展联盟网络营销活动;
- 让产品出现在礼品指南中;
- 启用 Instagram 购物;
- 运行聊天营销活动;
- 获得早期客户的评论。

产品规划的过程不会随着产品推向市场而停止,它还应该包括在产品生命周期的各个阶段来梳理和管理产品。在最初的销售增长阶段,产品竞争通常并不太激烈,而销售却很强劲。但是,随着时间的推移,竞争对手也会推出产品。因此,竞争对手将考虑如何保持竞争力,拥有哪些客户支持的系统。在产品规划中设定合理的生命周期将有利于产品稳定发展。

所以一定要了解用户,规划设计、管理和销售团队喜爱的产品。但是,如果最终用户不满意,产品推广就会变得异常艰难,产品的生命周期也会缩短。这就是为什么需要从一开始就明确用户需求。如果没有机会直接与用户交谈,请确保与能影响到市场用户成交的关键意见领袖密切合作。这将有助于从受众的角度分析产品计划,然后进行产品规划。

4.4　如何计算产品的成本及毛利

亚马逊北美站点成本的毛利核算登录链接为 https://sellercentral.amazon.com/fba/profitabilitycalculator/index? lang=en_US&ld=NSGoogle,点击进入后显示如图 4-59 所示的页面。

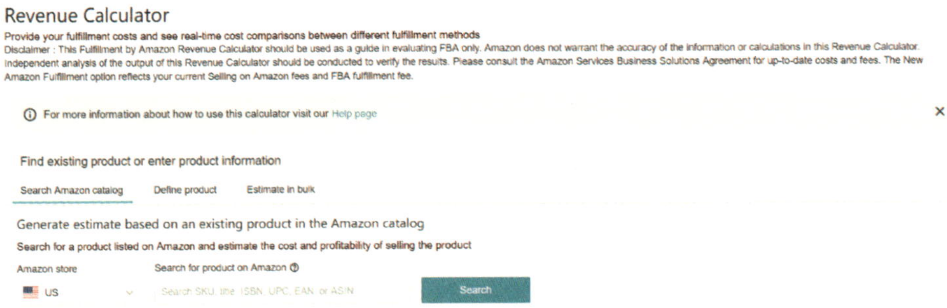

图 4-59　亚马逊北美站成本核算入口页面

如卖家要分析某 listing 的利润情况,填入该 ASIN,系统自动分析该 ASIN 的佣金及尾程配送费用。我们在亚马逊看到一款多功能切片器售价为 20.99 美元,然后到网上查询到该产品的成本价格为 27 元人民币(图 4-60)。

接下来输入该产品的 ASIN 进行查询,系统自动核算,网页会显示产品的重量和尺寸等相关信息,图 4-61。图 4-62 左边的图框是 FBA 的利润核算方式,右边的图框是 FBM 的利润核算方式,大多数卖家采用 FBA 模式,通过货物尺寸和重量信息计算出产品的头程运费是 2 美元,把相关的费用填写进去,这里会自动显示亚马逊的佣金费用是 4.13 美元,及尾程配送费用是 6.08 美元,平常的仓储费是 0.15 美元/个,最后得出 FBA 模式的利润率是 21.44%,利润额是 4.49 美元,但这里还不包括产品的退货

图 4-60　在 1688 查询同款产品的价格

率和推广费用，所以在核算该利润时要综合其他的因素进行评估，看是否值得去开发该类目的产品。

图 4-61　多功能切片器 ASIN 产品信息

Amazon Fulfillment			Your fulfillment		
Sales price		$ 20.95	Sales price		$ 20.95
Amazon fees		$4.13 ▶	Shipping charge		$ 0
Fulfillment cost		$8.08 ▶	Amazon fees		$4.13 ▶
Storage cost		$0.15 ▼	Fulfillment cost		$6.00 ▼
	January-September	October-December	Labor	$	
Monthly storage cost per unit		$0.15	Packing material	$	1
Average inventory units stored		1	Shipping to customer	$	5
Estimated monthly units sold		1	Customer service	$	
Storage cost per unit sold		$0.15	Storage cost		$1.00 ▼
Other costs		$4.10 ▼	Monthly storage cost per unit	$	1
Cost of goods sold		$ 4.1	Average inventory units stored		1
Miscellaneous cost		$	Estimated monthly units sold		1
			Storage cost per unit sold		$1.00
			Other costs		$4.10 ▼
			Cost of goods sold	$	4.1
			Miscellaneous cost	$	
Estimated cost per unit		$16.46	Estimated cost per unit		$15.23
Net profit per unit		$4.49	Net profit per unit		$5.72
Estimated sales		1	Estimated sales		1
Net profit		$4.49	Net profit		$5.72
Net margin		21.44%	Net margin		27.30%
Learn more about the program			Learn more about the program		

图 4-62　多功能切片器 asin 产品成本分析信息

亚马逊欧洲站点成本的毛利核算登录链接为 https://sellercentral.amazon.co.uk/fba/profitabilitycalculator/index？lang＝en_GB。该页面的情况与北美站相似，选择不同的站点即可分析，具体的成本结构组成分析详见第 5 章内容。

第 5 章

新品如何从 0 到 1 开发供应链

当接触一个新品类时,很多人不知从何入手,也缺乏一个系统的分析方式。作为一名产品开发经理,不仅要知晓亚马逊销售的成本构架,也要清楚供应链开发的流程,同时分析各生产厂家的优劣势,正确筛选产品生产的合作方。

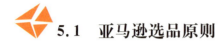

5.1 亚马逊选品原则

无论是亚马逊开发和选品经理,还是产品开发负责人,都应遵循亚马逊选品的三个原则。

第一,了解市场。不同国家和地区用户的偏好、审美、文化习俗都是不同的,需了解他们的需求从而进行选品,而且应分析各类别的产品在市场上的需求比重,未来发展的趋势。

第二,了解供应链。不管是什么产品,都需要有上游供应链的支撑,对行业的架构和变化需要有较清晰的认识,熟悉产品开发供应链,以降低成本,并在商业环境中保持竞争力。供应链管理是一个至关重要的环节,优化供应链可降低成本并缩短生产周期,对亚马逊打造爆品有至关重要的作用。

第三,了解利润成本。只有做好前期准备,可持续盈利,才能持续发展。如今跨境电商环境竞争更加激烈,如果产品没有足够的利润,企业倒闭也是必然的,所以产品开发人员必须懂得产品的成本架构。

作为产品开发人员,必须知道亚马逊的成本。亚马逊的环节由以下流程组成:产品成本、头程运费、亚马逊平台抽成、FBA配送费、广告费、退货成本、FBA仓储费用、推广费用、促销费用、其他费用等。

产品成本:指创造产品发生的成本。这些成本包括人工、材料、生产消耗品和工厂开销。这里通常指的是出货成本,产品成本也被认为是向客户提供服务所需的劳动力成本,这主要针对某些做定制产品、以人工成本为主的亚马逊卖家。

头程运费:主要针对货物发往亚马逊仓库的FBA亚马逊的卖家,指亚马逊FBA的头程运费。FBA头程运输主要有三种方式:空运、海运和国际快递。亚马逊FBA的头程运费包括运费、税金、清关费、仓库租用费、柜子租用费和托盘费等。

亚马逊平台抽成:所有亚马逊卖家(无论是个人账户还是专业账户)在亚马逊平台

上销售产品,销售的每件商品都要给平台支付抽成。抽成按产品售价的百分比计算。大多数卖家平均支付约15%的平台抽成费。

FBA配送费:FBA仓库配送到客户收货地址的服务费,也是最后一英里交付和运输服务。该费用因物品的类别、尺寸和重量而异。关于此计划下费用的更多详细信息,可以访问亚马逊官方物流(FBA)费用概览,这个费用根据行情会做适当调整。

广告费:亚马逊的广告服务有多种类型,主要有商品推广广告、品牌推广广告和展示型推广广告三种类型。

①商品推广广告是亚马逊最常用的广告。这些广告通常出现在自然产品列表之前,但也可以在产品中间或产品页面末尾看到。

②品牌推广广告与商品推广广告略有不同,品牌推广广告可宣传三个或更多产品。这些广告以标题横幅的形式出现在搜索结果中,买家通常会在页面顶部看到它们,比如其他单个商品推广和自然列表上方。

③展示型推广广告是不专注于关键字定位的广告。这些广告会根据人们的兴趣来定位,通常出现在页面的顶部和底部,以及客户评论页面和来自亚马逊的营销电子邮件中。当客户看到产品展示广告时,他们会看到将购买或一直在考虑购买的产品的广告。

就目前而言,亚马逊广告平均每次点击花费0.81美元,但成本不是一成不变的。广告活动费用将取决于竞争和预算,亚马逊的广告费占到整个销售额的5%~10%。

退货成本:对于整个亚马逊平台来说,2021年的平均退货率接近21%,高于2020年的18%。亚马逊的退货率一般在5%~15%,但某些品类的退货率,例如电子产品、服装和高级珠宝,可高达40%,所以退货的成本需要综合评估。

FBA仓储费用:亚马逊对商品在履行中心所占的空间收取月度库存仓储费,月度库存仓储费是根据每日平均体积(以立方英尺为单位)计算的,具体取决于亚马逊物流政策和要求。该费用以产品大小和时间来评估。关于费用,可以具体查询亚马逊官方说明,有详细具体的数据。

推广费用:亚马逊推广爆品,站外的推广是少不了的。它主要通过站外渠道引流精准用户到亚马逊平台下单,提升产品排名,提高产品销量。主要的渠道有Deal网站、社交平台、红人营销、博客推广等。

促销费用:亚马逊站内有coupon折扣、code折扣、秒杀等促销方式,对于提交并成功推出的每个秒杀或 7 天促销,均须付费,其他的折扣也需要支付费用。

其他费用:包括产品的丢失率、亚马逊服务商的其他费用、产品的前期推广费用等。

在对各环节综合评估后,利润应控制在 15%~25%。产品开发人员一定要熟悉亚马逊销售的各个环节,不能只考虑产品而忽视市场的变化或不清晰定价。亚马逊销售成本结构见表 5-1。

表 5-1 亚马逊销售成本结构

成本板块	产品成本	头程运费	平台抽成	FBA 配送费	广告费
占销售的比例	>30%	>5%	>15%	>5%	>5%
成本板块	退货成本	FBA 仓储费用	推广费用	促销费用	其他费用
占销售的比例	>10%	>2%	2%~10%	>2%	>2%

5.2 供应链开发过程解析

跨境公司基本上有产品开发的工作岗位,但很少有供应链管理的岗位,实际上懂产品的人不一定懂供应链,但懂供应链的人一定懂产品,所以了解供应链就是对熟悉产品的降维思考,如果要把产品做成爆品或者把品牌做大做强,供应链管理是必不可少的环节。

供应链(supply chain)是指生产及流通过程中,涉及将产品或服务提供给最终用户活动的上游与下游企业所形成的网链结构。这里所说的供应链是指针对从事跨境电商的企业或个人开发产品的供应链,不能与传统认知的生产环节的供应链相比较。在跨境电商产品供应链中,卖家可以通过产品的产业链和供应商了解该产品的关键因素及所需要的资源,根据自身的实际情况结合产品研发、生产等综合能力建立一套完整的、具备一定优势的产品供应链,让产品在行业中脱颖而出,在产量和生产速度上满足库存需要,更能给消费者带来多元化、多样化、定制化的产品,从而提升核心竞争力。所以优化跨境电商的产品供应链是一件注重细节的事情,行业动态、上游资源、供应商分析、产品规划等都需要全面考虑。

确认选品方向后，首先应了解产品，先获取样品，再进行分解分析、试用检测等。非电子类的产品主要研究产品材质及设计，电子类产品主要研究功能及品质，这涉及的领域比较多。了解产品的最佳方式就是和生产商沟通，生产商已经对产品的上游供应链进行了筛选，而且对同行情况比较清楚，会详细分析产品。这是最快的学习方式。从很多跨境公司或个人卖家的现状看，产品开发基本上是通过1688网站进行样品采购，判断产品，这种方式无法深入获取更多信息，只能作为简单的产品采购订货平台。

跨境电商供应链开发主要的流程：类目样品测试、生产商整理、供应商分析、产品分析、产品设计、采购订单、生产制造管理、货物交付、物流对接、退货回收等。

5.2.1 类目样品测试

样品是能够代表商品品质的少量实物。样品可以是从整批商品中抽取出来用作产品质量检测的产品，或在大批量生产前根据商品设计而先行由生产者制作、加工而成，并作为交付标准的产品。我们在前期了解这个类目的产品，可直接采购同类目的相关产品进行功能分析，如果是全新的品类产品，我们也要找到相关类型的产品，获得供应链的资源。类目样品测试的主要目的是通过分析此产品的功能，了解用户的需求和痛点。在这里有个非常重要的思维逻辑，产品开发不能为了产品而制造产品，一定是为了解决用户痛点或满足用户需求而设计产品，所以认清样品测试的意义对后续的产品发展至关重要。

5.2.2 生产商整理

在一个完整的供应链中，原材料经原料供应商供应给到生产厂商，再由生产厂商将原料生产出成品，然后供应给B端用户[B端也叫"2B"(to bussiness)，使用对象是组织或企业]，最后B端客户卖给C端用户[C端也叫"2C"(to customer)，面向终端用户或消费者]。作为产品开发人员，前期应通过各种方式查询和了解生产商，如从Alibaba、Alibaba国际站、AliExpress、Baidu、ThomasNet等线上平台进行整理，参加国内和国外行业线下展会进行整理。

5.2.3 供应商分析

产品品质是做跨境电商的前提条件，不合格的供应商可能会使供应链遭受各种破坏。当生产商达到一定数量时,基本可以针对生产商的成立时间、规模、核心产品、生产优势、管理团队、创始人价值观等要素进行分析筛选。通常把供应商分为 A、B、C 类。这里重点介绍 A 类供应商。

A 类供应商为行业供应商的第一梯队。这种供应商为国际大品牌的产品代工或生产。如果对此类产品不熟悉,应选择与这类供应商合作,他们会提供很好的产品品质保障。这类供应商经过了很多验厂审核,会减少很多前期沟通工作。这里我们可以简单了解具备品牌代工资格的工厂需要审核或验厂的内容。

以下五种不同类型的审核可帮助卖家评估供应商并将供应链中的风险降至最低。

1. 社会合规审核

社会合规审计有时也称为社会审计、道德审计或社会责任审计。很多贸易商依靠这种类型的工厂审核验证和监控其供应商的工作条件是否符合国际劳工标准。

在 21 世纪初大量社会合规问题出现之后,各种国际非营利组织、政府组织和特定的全球零售商各自制定了不同的工厂审核标准来评估社会合规性。许多主要零售商都有自己的社会合规审计框架,目前这种情况有所改变。

许多零售商现在接受国际框架,而不是要求符合他们自己的专门审计,如沃尔玛接受八种不同的工厂审核标准,包括 SA8000 和 SMETA。

①SA8000 基于联合国人权宣言和国际劳工组织公约的自愿性标准。该标准由社会责任国际组织于 1997 年创建。SA8000 审核对于不需要满足特定零售商要求或首次进行社会合规审核的进口商来说是一个不错的选择。遵守该工厂审核标准为遵守当地法律和国际人权规范奠定了坚实的基础。SA8000 审核评估供应商工作条件的九个主要方面包括童工、强制性劳役、健康和安全、结社自由和集体谈判、歧视、纪律处分、工作时间、重新计算、管理系统评估工厂的状况。审核员通常通过与工人和管理人员面谈、审查文件和对设施进行检查来完成。

②SMETA。Supplier Ethical Data Exchange (Sedex)是一家非营利性会员组织,致力于改善全球供应链中的商业道德规范。Sedex 的工厂审核标准被称为 Sedex 成员道德贸易审核(SMETA,Sedex Members Ethical Trade Audit)。SMETA 是世界上常见的工厂审核标准之一。Sedex 目前拥有超过 50000 名会员有自己的在线平台,进口商可以在其中访问官方审核报告并查看纠正措施的进展情况。审核员可以在平台上上传任何类型的社会审核,包括 SA8000 审核。

2.质量体系审核

常见的工厂审核类型还有质量体系审核,或简称为质量审核。贸易商通常依靠质量审核来了解供应商的生产能力和内部质量控制。

质量审核是确保最佳产品质量和按时交货的工具之一。贸易商可以通过质量体系审核评估潜在供应商或现有供应商的绩效和进度。

质量审核和标准有几种不同类型,ISO9001质量审核对于制造一般消费品的设施最为常见。ISO9001质量审核是由国际标准化组织发布的全球公认的质量管理标准。许多外国制造商都通过了ISO9001认证,供应商在1688网站上或列表页面通常会显示这些认证。这些供应商通过专业的第三方审核公司进行审核获得了ISO9001认证,这将有助于证明供应商的质量管理体系。

典型的ISO9001质量体系审核评估的内容包括:基础设施、环境及设备维护,质量管理体系组织,材料和组件的进货质量控制,在生产控制过程中识别质量问题,成品控制和检验,实验室测试能力,人力资源招聘和培训实践,工程、研究和设计能力,业务发展与管理行为。质量审核可以帮助评估供应商的内部质量控制、设备维护和工具验证程序。质量审核发现的问题通常会导致生产延迟、质量缺陷和其他生产问题。这些类型的质量审计还可能包括检查法律文件和"零容忍"道德违规行为,但它们不能替代SA8000或SMETA等广泛的社会合规审核框架。

3.生产规范审核

良好的生产规范审核是另一种质量审核。但这种类型的质量审核仅适用于某些产品类型的制造商,其中包括:食品饮料产品、药品、生物制品、兽药产品、医疗设备和化妆品。《药品生产质量管理规范》(Good Manufacturing Practice of Medical Products,简称GMP)还关注纯粹与产品安全性和功效相关的产品质量问题。这与ISO9001不同,ISO9001侧重于供应商满足客户要求的能力。GMP由国家机构和政府执行。GMP合规性在许多市场都是强制性的,包括美国、加拿大、欧盟和澳大利亚,GMP审核框架和要求因市场而异。例如,如果同时从欧盟和美国进口医疗设备,需要对供应商的设施进行两次单独的审核,以确保符合两个市场的法规。

由第三方进行的GMP预审计或"模拟审计"可以评估供应商的合规性。GMP审核清单至少涵盖以下七个工厂系统:组织与人员、建筑物和设施、设备和用具、生产和过程控制、包装和标签、仓储配送、文件和记录控制。GMP审核因产品类型而异,还应包括针对特定的 GMP 法规检查。审核清单的设计应反映政府的官方法规和检查要求。GMP 预审核报告应清楚地概述每项要求,并对发现的任何不符合项进行评论。

4. 环境审核

随着市场消费者不断呼吁零售商们尽量减少对环境的影响,环境审计变得越来越普遍。中国在 2016 年启动了新的环境检查计划,环境合规在中国也变得越来越重要。环境审核可确保供应商产品符合国家和国际环境标准。环境审计框架通常会检查供应商的资源消耗、污染预防和应急准备。ISO14001 是常用的环境审核标准,但 ISO14000 认证在亚洲工厂中并不像 ISO9001 那样普遍。因此,第三方预审可以帮助供应商为 ISO14000 认证做好准备,并确定需要改进的地方。

ISO14001 审核评估供应商的环境管理体系。该工厂审核应涵盖供应商的环境政策、规划环境影响、环境管理体系文件、环境管理体系实施与运行、监测环境影响和纠正措施、管理审查。针对审核报告中列出的不合格项,供应商应采取纠正措施,以提高其环境合规性。

5. C-TPAT 安全审核

在这五种不同类型的审计中,C-TPAT 安全审计(Customs-Trade Partnership Against Terrorism)是最少见的,某些零售商和品牌需要此审核以保持符合贸易反恐合作伙伴关系的规定。C-TPAT 是一项公私部门合作计划,创建于 2001 年 11 月,旨在提高货物安全性。该伙伴关系的重点是保护供应链、识别安全漏洞并实施最佳安全实践以防止恐怖主义。

C-TPAT 成员受益于"低风险"状态,他们的货物不太可能在美国入境口岸接受检查。一些零售商还可能为进口商品供应商设置 C-TPAT 要求。

C-TPAT 审核应包括以下要素:人员安全、人身安全、物理访问控制、程序安全、信息技术安全、计算机系统、安全培训和威胁意识、集装箱安全、供应链安全。

除验厂以外,A 类的供应商还会具备相对应区域销售市场的各项产品认证,如 CE 认证(欧洲大陆对各类产品的强制认证);FCC 认证(美国联邦通信委员会对电子产品的强制认证);RoHS 认证(欧洲大陆对电子产品的有毒有害物质进行管控的强制要求);REACH 认证(欧洲大陆对有毒有害物质的高度关注物进行管控的强制要求);GCF 认证(欧洲各运营商的强制要求);PTCRB 认证(美国无线通信和互联网协会的强制要求,就是进入美国运营商渠道销售的通信产品必须要进行的认证);FDA 认证

(食品药品监督管理局必须进行的认证)以及其他国家相关的本土产品认证等。相关认证案例见图 5-1 和图 5-2。

图 5-1　CE 认证案例和 FCC 认证案例

图 5-2　RoHS 认证案例和 FDA 认证案例

供应商评级分析表见表 5-2。

A 类供应商是国际一线品牌代工工厂，规模、品质等在行业属于 TOP 级。

表 5-2 供应商评级分析表

工厂评级	评级内容							
	知名品牌代工	成立时间	人员数量	年产值（人民币）/元	主要客户	核心产品	工厂产品方向	认证
A	是	10年以上	200人以上	1亿以上	国外客户比国内多	自有国内外专利和研发，并且单品出货超百万台	垂直某品类领域	工厂、产品认证齐全
B	是	3~10年	80人以上	5000万~1亿	国外客户比国内少	自有国内外专利和研发	垂直某细分领域	部分齐全
C	否	3年以下	30人以下	3000万以下	无国外客户	无专利，多仿品	无定位，无优势	无

B类供应商生产工厂成立时间在3年以上。工厂的创始人之前可能是某个行业大厂的高层，有一定的产品开发经验和专业基础。虽然公司规模不大，但正在稳步发展。创始人专业程度比较高，比较有想法，愿意分享，工厂生产的品类是垂直领域的系列产品，产品经过深度研发，相对聚焦，并且有一定的优势和独特性，重视新客户。

C类供应商的工厂成立时间不长，没有做过出口业务。这类供应商的工厂规模不大，但什么都做，没有主攻的方向，有什么订单就做什么订单，行业专业程度不高，工厂负责人也没有太多的分享意识，不愿过多谈及行业情况，并且工厂认证不全，产品专利和知识产权都不具备，甚至缺乏产品的国际认证等。工厂的主管专业性不强，行业的成功经验也不多。

对供应商进行分类后，卖家应根据自身的情况快速熟悉新品开发的行业情况。如果是个人卖家或小公司卖家，应与B、C类供应商多沟通，多了解行业及产品的情况，因为A类供应商很难与小卖家，特别是还不太懂行的新卖家沟通。A类供应商的特点是订单量较大，而且价格不会有太大优势，最重要的是这类供应商一开始不太重视小卖家订单，跟进比较麻烦，所以应先与B、C类供应商反复沟通后再与A类供应商沟通谈判。如果卖家看重产品品质，有一定的资金实力，可以选择与A类供应商合作，或者与A类供应商沟通获取行业的各项信息，进行评估后再与B类供应商合作，具体根据自身的特点酌情而定。如果卖家是有资金、有实力的知名公司，A 类供应商的沟通意愿会更强，对行业稍微了解即可直接与 A 类供应商沟通谈判，因为 A 类供应商会认可知名公司的背景，合作意向比较强。B 类供应商的配合程度更高，他们非常注重大客户，产品出货成本一定会低于 A 类供应商。如何寻求合适的合作方，卖家需根据实际情况采取策略。

5.2.4 产品分析

在整理各供应商的特点时，分析各供应商的核心产品这一工作必不可少。我们分别从核心产品的功能、设计、材料、成本等方面做分解。

产品的功能应满足用户需求。很多工厂开发出来的新产品仅仅是个人行为，没有经过大量的市场研究，这样的行为是不合理的。

设计分为外观设计和结构设计，先考虑外观设计是否符合当地人群的审美和习俗问题。同时结构设计应符合品质要求。

在欧美国家，特别是德国非常注重产品的材质和设计，所以要有一定的材料鉴别能力，对各材料的特性和属性有一定的基础概念。如塑料是我们日常生活中的常见材质，我们需清楚广泛应用的材料有聚乙烯（PE, polyethylene）、聚丙烯（PP, polypropylene）、聚氯乙烯（PVC, polyvinyl chloride）、聚苯乙烯（PS, polystyrene）、ABS（acrylonitrile butadiene styrene）树脂以及聚乙烯对苯二甲酸酯（PET, polyethylene terephthalata）。这些材料又分为软胶和硬胶。在通用塑料行业，将 PE、PP 等比重小、材质表面硬度相对低的塑料称为软胶。而 PS、ABS、硬质 PVC 等塑料称为硬胶。软胶和硬胶只是相对而言，这两种材料的生产方式不相同，软胶塑料通常通过注塑形成，常温下手感较软，不需要经过硫化处理。日常生活中常见的还有不锈钢，不锈钢可分为奥氏体不锈钢、铁素体不锈钢、马氏体不锈钢、双相不锈钢、沉淀硬化不锈钢五大类。最常见的奥氏体不锈钢主要有 304、316 两大系列。不锈钢没有最好的，通常意义上讲，耐腐蚀性能好的更好，可根据强度、耐腐蚀性能、硬度等多方面选择所需要的材料。奥氏体不锈钢和 ABS 树脂塑料见图 5-3。这里只简单列举两种材料，对于各自开发的产品必须先了解产品的材料列表。

最后考虑到成本。这里可能与很多亚马逊卖家的习惯不一样，据我观察，大多数亚马逊卖家到工厂看到某个新品的第一反应就是这个产品的成本是多少、出货价是多

图 5-3　奥氏体不锈钢和 ABS 树脂塑料

少,这是导致亚马逊卖家最后陷入价格内卷的思维导向,而思维方式决定了结果。我们一开始考虑用户的痛点和产品的缺陷是把产品做成持久爆品的根本前提,所有由价格优势引起的爆品,最后都会因为价格而导致该产品的生命周期急剧缩短,产品如没有利润空间,品质只会越做越差,这是多年来跨境电商普遍存在的现象。成本的分析建立在品质的基础上,再对材料和设计进行分析,基本可判断产品成本,将其控制在合理的区间。基于市场上同类产品的零售定价,根据亚马逊成本结构核算合理的成本采购价,对各个供应商进行对比分析。

5.2.5　产品设计

对产品和供应商有完整的了解后,卖家应该可以找到该产品的优化方案,如无法获得更好的方案,可寻找专业的产品设计公司进行设计探讨,这是个必经过程。如卖家没有专业的认识,那只能找专业的人解决问题,特别是某些电子类的产品。在进行产品设计后,如能获得国际大奖为产品背书,那产品的亮点将更突出。产品设计的国际奖项有很多,主要有德国 iF 设计大奖、德国红点设计奖、伦敦设计奖、美国缪斯设计奖、美国 IDA 国际设计奖、美国国际杰出工业设计奖等(图 5-4)。

图 5-4　德国 iF 设计大奖、德国红点设计奖、伦敦设计奖

5.2.6 采购订单

根据个人或公司的实际情况,与产品的销售计划结合,经过供应商综合分析后,把首笔订单发给工厂,确认交付方式和时间。

5.2.7 生产制造管理

工厂在生产期间,如果订单排期紧张或生产环节复杂需产品质量监控,则需派人驻厂监督制造,对生产线上的半成品或刚下线的产成品进行检验,检查纰漏和偏差,报告厂方,并提出纠正错误和偏差的有效方法。由此来确保货物生产流程中不出现品质及其他产品问题。

5.2.8 货物交付

货物交付时需确认的流程有验货方式、验货负责人、验货内容、交付地点、交付方式、交付时间、交付对接人等。验货方式有抽检和全检两种,交付前验货人员在产品生产及包装完成待交运前(通常产品刚生产出来,外包装封膜尚未完成),应对货物的数量、工艺、功能、颜色、尺寸规格和包装等细节进行检查。

不管是抽检还是全检,应按照国际认可的标准进行,同时遵照买家 AQL 抽样水平。在验货过程中,用相机拍下和核对外箱唛头及装箱情况是否与建仓的发货计划要求相同,如还没装箱,要问工厂纸箱是否到位,如到位,确保纸箱唛头、尺寸、纸箱的质量、清洁度和颜色等。在产品经付运前的检验之后,在工厂基地、仓库或装箱传输过程中,验货人员协助厂家确认所用装箱是否符合应有的清洁状况和装箱条件等。

5.2.9 物流对接

物流对接的工作根据卖家的尾端配送方式来进行。如直发亚马逊 FBA 仓库,应与联系好的货代公司对接,以海运或空运的方式发往收货地;如是一件代发的方式,建立发货的 ERP 系统,做好多渠道订单处理,解决多平台系统的配送问题,与物流商发货之前明确合作的方式。市面上很多货代公司收费混乱,卖家一定要做好前期的调研工作,明确合作内容。

5.2.10 退货回收

退货在所难免,遇到退货时,应梳理退货流程,提前在销售市场区域设置售后点,确保产品的售后保障,对有问题、有缺陷的产品及时分析检查,反馈给供应商,并及时协商解决方案。如果产品问题过多,卖家需与供应商进一步协商赔偿和其他优化方案。

第 6 章

亚马逊产品开发的十二要素

我以电商平台亚马逊为典型代表来对产品开发的思路进行分析,主要从以下要素出发。

6.1 规模大小找定位选品

从卖家实力的角度来选品,跨境行业的公司以小卖家为主。据亚马逊官方的卖家数据统计,2021年亚马逊平台的卖家中约 35 万个卖家的年销售额突破了 10 万美元,约 6 万个卖家的销售额突破了 100 万美元,约 3300 个卖家的年销售额突破了 1000 万美元,50 个卖家年销售超一亿美元。这些卖家超过一半来自亚马逊的美国站点,剩下的分布在其余 19 个站点。在亚马逊全球 20 个站点中卖家注册总数已超过了 600 万,而能达到年销售额 100 万美元的卖家占总卖家的数量不足 1%,但这不足 1% 的卖家完成了亚马逊全平台内超一半的销售额,所以产品开发大多数在小型创业公司,而且这个岗位尤为重要,甚至很多公司的老板就是产品开发负责人,这种公司大多数没有供应链的优势,产品开发要从实际出发,主要从从业时间、资金、自身特点分析。

6.1.1 从业时间

入行 6 个月以内的亚马逊卖家对亚马逊的规则、亚马逊产品的周期性尚不清晰,对运营、市场变化、行业数据、产品特点、供应链资源等情况了解不深入。如果卖家了解不够,就不要开发货值高、季节性强、变体多、体积大的产品,亚马逊产品一个完整的销售周期至少是一年。1 年以上的卖家可以接触季节性货物,但没有两三年的市场观察和运营经验也很难把握物控。建议 2 年内的卖家深耕某垂直品类产品,不要急于扩张品类。如果卖家的一个品类能稳定 2 年以上持续盈利,抗风险能力已强过很多卖家,接下来可投入开发有技术挑战性的产品,建立自身在亚马逊的门槛优势。

6.1.2 资金

资金也是选品的前提条件。如果卖家只有 1 万元的启动资金,就很难做高货值的产品,更难做 FBA 的产品,因为涉及压货成本,还有后续的推广成本、货物周转成本等。卖家有 1 万元的资金,建议做低货值产品。资金相对充足的卖家,一定要熟悉亚马逊运营的基础流程,否则很多风险不可控。

6.1.3 自身特点

亚马逊卖家的类型不同,产品开发的需求也会不一样。如果是小型初创公司,还没有爆款产品,这类公司的产品需求大多根据产品经理或运营经理做的市场调研。如果是上市公司或是待上市公司,这类公司的产品大都被限定在某一个大类,且产品线细分,产品需求是产品经理负责的固定产品类目。

6.2 货物体积定位选品

货物体积选品主要从两个方面考虑:货物周转周期和运费成本。

6.2.1 货物周转周期

货物周转周期,主要是头程货运时间长短,会影响到整个项目的资金周转。如果产品体积小、重量轻,可以发空运,比海运或铁路运输的周期要短很多。空运分快递和空派。货物到达FBA仓库的时间是3~7天。海运分为慢船和快船,时间需要20~40天,如果中途有不可控的因素,货物到达的时间会更长,这样会加大断货的风险,严重的甚至会导致资金链出现问题。再加上账号安全、季节周期、同行竞争等因素,周期越长,风险就越大。

6.2.2 运费成本

运费成本分为头程运费成本和FBA配送成本。如果产品满足体积小、重量轻的条件,如项链首饰,每件的头程物流成本在1~2元,甚至更低。为了避免风险,大多数此类产品的卖家会选择空运作为头程物流。如果产品体积大,只能发海运,这样不但加大周期风险,而且还可能需要海外仓来配合产品周转库存,没有一定的产品运营能力和物控能力,很难把握产品周期。

FBA配送成本也是着重考虑的要素,很多亚马逊的开发人员容易忽略这点。卖家也容易忽视这点。其实卖家稍加留意可能会节省一大笔费用。因为FBA配送费是由产品的包装尺寸和重量决定的,这里就需要详细了解小号标准尺寸、大号标准尺寸、小号大件、中号大件、大号大件、特殊大件的内容,详细内容见图 6-1,也可以直接去亚马逊官网查看。

商品尺寸分段	单件重量*	最长边	次长边	最短边	长度+周长
小号标准尺寸	16盎司	15英寸	12英寸	0.75英寸	不适用
大号标准尺寸	20磅	18英寸	14英寸	8英寸	不适用
小号大件	70磅	60英寸	30英寸	不适用	130英寸
中号大件	150磅	108英寸	不适用	不适用	130英寸
大号大件	150磅	108英寸	不适用	不适用	165英寸
特殊大件	超过150磅	超过108英寸	不适用	不适用	超过165英寸

图 6-1 亚马逊商品分类尺寸

对于重量超过 0.75 磅的小号标准尺寸和大号标准尺寸商品以及所有小号大件、中号大件和大号大件服装商品,当体积重量[①]大于商品重量时,亚马逊将使用体积重量。想要了解更多详情请参考亚马逊官方信息。

自 2022 年 4 月 28 日起,亚马逊物流配送费用中加收 5%的燃油和通货膨胀附加费。附加费可能会变动。配送费明细见图 6-2,也可以登录亚马逊官网查看最新的信息。

参考亚马逊 FBA 配送费用对应的货物体积,举例如下。

如果一件商品的最长边为 15.2 英寸(38.6 厘米),重量为 12.5 盎司(0.354 千克)产品,那么它的尾程配送费是 4.75 美元,如进行稍许优化(配件优化,或者是包装设计优化,又或者是产品本身设计优化),把最长边的 15.2 英寸缩减 0.3 英寸到 14.9 英寸(37.85 厘米),重量减轻 0.6 盎司到 11.9 盎司(0.337 千克),尾程配送费就变成了 3.22美元,足足少了 1.52 美元。FBA 配送费与尺寸重量的优化是 90%的亚马逊卖家没有注意到的细节。亚马逊 FBA 分类大件商品配送费用明细见图 6-3。

---

① 体积重量:货件的"虚拟"重量,通过体积换算计算得出,用于收取运费。

标准尺寸商品分段

商品类型	尺寸分段	发货重量	每件商品的配送费用	附加费	配送费用（含附加费）[1]
大多数商品（非危险品和非服装商品）	小号标准尺寸	不超过6盎司	$2.92	$0.15	$3.07
		6至12盎司（不含6盎司）	$3.07	$0.15	$3.22
		12至16盎司（不含12盎司）	$3.59	$0.18	$3.77
	大号标准尺寸	不超过6盎司	$3.54	$0.18	$3.72
		6至12盎司（不含6盎司）	$3.77	$0.19	$3.96
		12至16盎司（不含12盎司）	$4.52	$0.23	$4.75
		1至2磅（不含1磅）	$5.14	$0.26	$5.40
		2至3磅（不含2磅）	$5.79	$0.29	$6.08
		3至20磅（不含3磅）	$6.13 + $0.30/磅（超出首重3磅的部分）	$0.31 + $0.02/磅（超出首重3磅的部分）	$6.44 + $0.32/磅（超出首重3磅的部分）
服装	小号标准尺寸	不超过6盎司	$3.27	$0.16	$3.43
		6至12盎司（不含6盎司）	$3.43	$0.17	$3.60
		12至16盎司（不含12盎司）	$3.95	$0.20	$4.15
	大号标准尺寸	不超过6盎司	$4.22	$0.21	$4.43
		6至12盎司（不含6盎司）	$4.40	$0.22	$4.62
		12至16盎司（不含12盎司）	$5.07	$0.25	$5.32
		1至2磅（不含1磅）	$5.81	$0.29	$6.10
		2至3磅（不含2磅）	$6.50	$0.33	$6.83
		3至20磅（不含3磅）	$6.68 + $0.30/磅（超出首重3磅的部分）	$0.33 + $0.02/磅（超出首重3磅的部分）	$7.01 + $0.32/磅（超出首重3磅的部分）
危险品	小号标准尺寸	不超过6盎司	$3.85	$0.19	$4.04
		6至12盎司（不含6盎司）	$4.08	$0.20	$4.28
		12至16盎司（不含12盎司）	$4.16	$0.21	$4.37
	大号标准尺寸	不超过6盎司	$4.29	$0.21	$4.50
		6至12盎司（不含6盎司）	$4.52	$0.23	$4.75
		12至16盎司（不含12盎司）	$5.09	$0.25	$5.34
		1至2磅（不含1磅）	$5.71	$0.29	$6.00
		2至3磅（不含2磅）	$6.23	$0.31	$6.54
		3至20磅（不含3磅）	$6.57 + $0.30/磅（超出首重3磅的部分）	$0.33 + $0.02/磅（超出首重3磅的部分）	$6.90 + $0.32/磅（超出首重3磅的部分）

图 6-2　亚马逊 FBA 分类尺寸商品配送费用明细

大件商品分段					
商品类型	尺寸分段	发货重量	每件商品的配送费用	附加费	配送费用（含附加费）
非危险品（服装和非服装）	小号大件	不超过70磅	$8.94 + $0.38/磅（超出首重的部分）	$0.45 + $0.02/磅（超出首重的部分）	$9.39 + $0.40/磅（超出首重的部分）
	中号大件	不超过150磅	$12.73 + $0.44/磅（超出首重的部分）	$0.64 + $0.02/磅（超出首重的部分）	$13.37 + $0.46/磅（超出首重的部分）
	大号大件	不超过150磅	$82.58 + $0.79/磅（超出首重90磅的部分）	$4.13 + $0.04/磅（超出首重90磅的部分）	$86.71 + $0.83/磅（超出首重90磅的部分）
	特殊大件	超过150磅	$150.94 + $0.79/磅（超出首重90磅的部分）	$7.55 + $0.04/磅（超出首重90磅的部分）	$158.49 + $0.83/磅（超出首重90磅的部分）
危险品（服装和非服装）	小号大件	不超过70磅	$9.66 + $0.38/磅（超出首重的部分）	$0.48 + $0.02/磅（超出首重的部分）	$10.14 + $0.40/磅（超出首重的部分）
	中号大件	不超过150磅	$13.56 + $0.44/磅（超出首重的部分）	$0.68 + $0.02/磅（超出首重的部分）	$14.24 + $0.46/磅（超出首重的部分）
	大号大件	不超过150磅	$93.94 + $0.79/磅（超出首重90磅的部分）	$4.70 + $0.04/磅（超出首重90磅的部分）	$98.64 + $0.83/磅（超出首重90磅的部分）
	特殊大件	超过150磅	$170.74 + $0.79/磅（超出首重90磅的部分）	$8.54 + $0.04/磅（超出首重90磅的部分）	$179.28 + $0.83/磅（超出首重90磅的部分）

图 6-3　亚马逊 FBA 分类大件商品配送费用明细

6.3　产品价位选品

从产品定价角度选品,有些卖家从来不做价格低于 30 美元的产品,因为低价产品往往会陷入价格内卷,而且利润低,但相反有些卖家从来不做高价的产品,偏好做低价产品。为什么？我们来分析低定价和高定价。

6.3.1　低定价

低价产品基本上是定价 1～30 美元的产品,这种类型的产品技术门槛不高,销量容易上升,品牌依赖度弱,退货率不高。特别是有些成本很低的产品,虽然投入的资金不多,但 ROI[①] 会比较高。如果卖家能经营一个长期较稳定、ROI 较合理的低价产品,

---

① ROI,投资回报率,英文为 return on investment,投资回报率=（税前利润/投资总额）×100%,是企业从一项商业活动的投资中得到的经济回报,衡量一个企业盈利状况所使用的比率。

也是个很好的方向。资金量不多的亚马逊卖家在这个价位如能开发几款具备优势的产品可抓住机会,容易做些小而美的产品,坚持长期粉丝运营,易形成不错的品牌势能。

6.3.2 高定价

高定价的产品基本在 50～100 美元,更多的是在 100 美元以上。这种价位的品类产品,客户会更关注产品品牌,所以高价产品运营方式和低价产品运营方式不一样,高价产品运营方式更注重 KOL① 的运营。在亚马逊站外或线下其他渠道制作大量的产品内容或品牌故事,投入大量的推广费用,给亚马逊导入流量后促成成交。

以吸管为例,其产品成本不高,在确保产品质量的情况下,抓住产品周期,低价较容易走量,产品类目节点 TOP100 月均销量在 1200 以上,主要靠亚马逊站内流量形成转化。扫地机器人单价高,更具备产品技术门槛,产品类目节点 TOP100 月销量为 1800 以上,推广方式主要靠品牌建设和网红推荐,主要靠亚马逊站外流量形成转化(图 6-4～图 6-6)。

图 6-4 低价产品(吸管)和高价产品(扫地机器人)

有些有多年亚马逊运营经验的卖家具备一定 KOL 红人资源或其他的行业推广资源,这种类型的卖家会选择一些蓝海类目且售价高、利润高的产品。这种选品的目的就是避开红海竞争,做些大家平常不太关注的类目产品,虽然销量一天可能 10 单不

---

① KOL 意思是关键意见领袖,英文全称为 key opinion leader,通常被定义为拥有更多、更准确的产品信息,且为相关群体所接受或信任,并对该群体的购买行为有较大影响力的人。

日期	交易状态	交易类型	订单编号	商品详情	商品价格总额	促销返点总额	亚马逊所收费用	其他	总计
2022/4/3	已发放	订单付款	112-4596	[illegible]	US$369.00	-US$30.00	-US$58.78	US$0.00	US$280.22
2022/4/2	已发放	服务费用	b1487ee	1次兑换的优惠券兑换费用	US$0.00	US$0.00	US$0.00	-US$0.60	-US$0.60
2022/4/2	已发放	订单付款	114-599	[illegible]	US$369.00	-US$30.00	-US$58.78	US$0.00	US$280.22
2022/4/2	已发放	订单付款	112-16	[illegible]	US$369.00	-US$30.00	-US$58.78	US$0.00	US$280.22
2022/4/2	已发放	服务费用	---	广告费用	US$0.00	US$0.00	-US$377.84	US$0.00	-US$377.84
2022/4/2	已发放	订单付款	112-03	[illegible]	US$369.00	-US$30.00	-US$58.78	US$0.00	US$280.22
2022/4/2	已发放	订单付款	112-770	[illegible]	US$369.00	-US$30.00	-US$58.78	US$0.00	US$280.22
2022/4/2	已发放	订单付款	113-75	[illegible]	US$369.00	-US$30.00	-US$58.78	US$0.00	US$280.22
2022/4/2	已发放	订单付款	112-876	[illegible]	US$369.00	-US$30.00	-US$58.78	US$0.00	US$280.22
2022/4/2	已发放	订单付款	112-960	[illegible]	US$369.00	-US$30.00	-US$58.78	US$0.00	US$280.22
2022/4/1	已发放	订单付款	113-56	[illegible]	US$369.00	-US$30.00	-US$58.78	US$0.00	US$280.22
2022/4/1	已发放	订单付款	114-95	[illegible]	US$369.00	-US$30.00	-US$58.78	US$0.00	US$280.22
2022/4/1	已发放	订单付款	113-64	[illegible]	US$369.00	-US$30.00	-US$58.78	US$0.00	US$280.22
2022/4/1	已发放	订单付款	111-1	[illegible]	US$369.00	-US$30.00	-US$58.78	US$0.00	US$280.22

图 6-5　定价高、利润高、销量少的产品销售数据(案例 1)

日期	交易类型	订单编号	商品详情	商品价格总额	促销返点总额	亚马逊所收费用	其他	总计
2021/6/4	服务费用	aaea5e35-c83a-4299-8	[illegible]	US$0.00	US$0.00	US$0.00	-US$1.20	-US$1.20
2021/6/4	订单付款	[illegible]	[illegible]	US$169.99	-US$20.00	-US$28.48	US$0.00	US$121.51
2021/6/4	订单付款	[illegible]	[illegible]	US$169.99	-US$20.00	-US$36.80	US$8.32	US$121.51
2021/6/3	订单付款	[illegible]	[illegible]	US$169.99	-US$20.00	-US$28.48	US$0.00	US$121.51
2021/6/2	订单付款	[illegible]	[illegible]	US$169.99	-US$20.00	-US$28.48	US$0.00	US$121.51
2021/6/2	服务费用	---	[illegible]	US$0.00	US$0.00	-US$245.33	US$0.00	-US$245.33
2021/6/2	服务费用	aaea5e35-c83a-4299-831b	[illegible]	US$0.00	US$0.00	US$0.00	-US$1.20	-US$1.20
2021/6/2	订单付款	[illegible]	[illegible]	US$169.99	-US$20.00	-US$28.48	US$0.00	US$121.51
2021/6/2	订单付款	[illegible]	[illegible]	US$169.99	-US$20.72	-US$31.48	US$20.72	US$138.51
2021/6/2	订单付款	[illegible]	[illegible]	US$169.99	-US$8.32	-US$31.48	US$8.32	US$138.51

图 6-6　定价高、利润高、销量少的产品销售数据(案例 2)

到,甚至更低,但每单利润近百美元,同时把控好退货率,这与在红海里厮杀的很多卖家相比收益更多,运营也会轻松很多。这种产品定位一定具备行业的技术门槛,或者其他亚马逊卖家不具备的优势。

6.4　市场容量定位选品

选品从市场容量切入,先分析商品和服务的潜在销售量,它由实际展示或未来需求的规模和结构决定,通过买卖得到满足的社会需求的总容量。如果一个地区的同类产品市场容量超过了 10 万单量,或者市值超过 1 亿美元,都可以评级为市场容量大。

市场容量和规模决定了公司发展空间和后期融资空间,如果没有市场容量,只是依靠企业效率来拉动经济增量,就有经济失调的巨大风险。我们可以把市场容量简单分为红海类目和蓝海类目。

6.4.1 红海类目

红海类目指竞争很激烈的类目。亚马逊类目节点里 TOP100 的 listing 月销量上千,评论平均上千的基本是红海类目。

除了查看类目,最直接的方法就是在亚马逊的页面直接搜索该产品的关键词,通过搜索结果来判断该产品的竞争程度。比方说榨汁机(juicer)和无线蓝牙耳机(headphones wireless bluetooth),榨汁机搜索出来的结果是 624,无线蓝牙耳机的搜索结果超过了 1 万,搜索结果可以说明该产品的竞争程度(图 6-7 和图 6-8)。

图 6-7 榨汁机(juicer)搜索页面

图 6-8 无线蓝牙耳机(headphones wireless bluetooth)搜索页面

Cell Phone Basic Cases 节点类目搜索结果和 TOP20 见图 6-9 和图 6-10。

我们用 AMZ 软件分析类目的 TOP50 的数据,销量平均上万,评论也平均上万,这

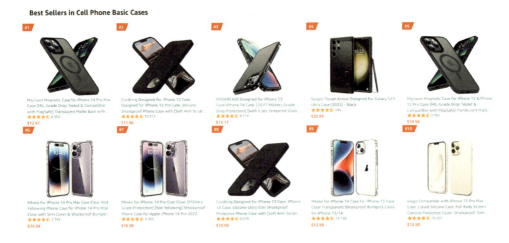

图6-9 Cell Phone Basic Cases(手机保护壳)类目

图6-10 Cell Phone Basic Cases(手机保护壳)TOP20(AMZ数据分析)

种类目的竞争程度可想而知。如果卖家想做红海类目的产品,需要分析运营人员的特质。卖家重新设计了产品,明确了产品的优势,但运营人员是保守派,卖家的产品在红海里突显出来也会比较难。红海类目产品对运营人员有一定要求,如攻击性强、执行力高、变化快、资源多、抗风险能力强等。

6.4.2 蓝海类目

亚马逊蓝海类目是指尚未被卖家发掘,竞争相对较小的未知市场,比方说亚马逊类目节点里 TOP100 中 listing 评论平均不到 100 个或销量正处在上升期且卖家很少的产品，如进入迅速可获得订单。注意蓝海类目并不是指那些一直低流量的类目，而是未来市场趋势有增长的类目。

对于蓝海类目选品，选品人员的市场敏锐度要高，了解各区域的信息差，长期熟知行业，比方说船用闪光灯和安全灯。据我近几年的观察，此类目销量持续上升，但销量也不会很大，是个竞争相对比较小的小众类目(图 6-11、图 6-12)。观察到某些专用的设备价格高，利润可观，且月销能突破千单，如在产品研发上有突破，就会有很大机会。

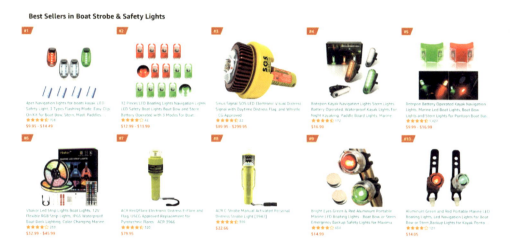

图 6-11　Boat Strobe & Safety Lights(船用闪光灯和安全灯)类目

#	产品名称	品牌	品类	PL产品评分	[illegible]分	[illegible]量	排名	价格	FBA费用	净利润	[illegible]量	UPC	[illegible]入	评论	RPR	评分	LQS	重量	变体	上架日期	卖家
1	热门 4pcs Navigation lights for boats k...	Amzonly	Sports & Outd...	4	10	3	#5,583	$13.99	$5.83	58%	1,358	7116...	$18,998	708	$27	4.5	90	0.311	3	03/14/21	FBA
2	热门 12 Pieces LED Boating Lights Na...	Boao	Sports & Outd...	8		1	#5,446	$12.99	$5.94	54%	1,645	N/A	$21,369	42	$509	4.1	77	0.489	3	04/10/21	FBA
3	Sirius Signal SOS LED Electronic Visual...	SiriusSignal	Sports & Outd...	9		1	#5,287	$299.95	$51.35	83%	2,047	8521	$613,998	22	$27,909	4.7	84	2.500	2	02/14/20	FBA
4	Botepon Kayak Navigation Lights Stern Li...	Botepon	Sports & Outd...	6		1	#7,134	$16.99	$6.29	63%	759	7647	$12,895	172	$75	4.5	80	0.370	1	08/05/21	FBA
5	Botepon Battery Operated Kayak Navigati...	Botepon	Sports & Outd...	3		1	#6,875	$9.99	$5.23	48%	851	N/A	$8,501	1427	$6	4.3	76	0.099	2	06/24/18	FBA
6	Vbakor Led Strip Lights Boat Lights, 12V...	Vbakor	Sports & Outd...	8		1	#16,389	$45.99	$12.36	73%	570	7122	$26,214	239	$110	3.9	70	1.367	2	01/17/21	FBA
7	ACR ResQFlare Electronic Distress E-Flar...	ACR	Sports & Outd...	7	6	12	#20,875	$79.95	$16.77	79%	412	7916	$32,033	320	$100	4.7	84	0.851	1	08/05/20	FBA
8	ACR C-Strobe Manual Activated Personal...	ACR	Sports & Outd...	4	2	30	#30,231	$18.93	$6.58	65%	157	7916	$3,031	309	$10	4.4	66	0.141	1	04/13/16	MCH
9	热门 Bright Eyes Green & Red Aluminu...	Bright Eyes	Sports & Outd...	3		1	#36,997	$14.99	$5.99	60%	163	7846...	$2,510	434	$6	4.1	74	0.216	1	08/04/16	FBA
10	Aluminum Green and Red Portable Marin...	Deals4you	Sports & Outd...	4		1	#28,582	$14.05	$5.87	58%	138	7963	$1,971	121	$16	4.2	74	0.130	1	05/07/20	FBA
11	Bright Eyes Portable Marine LED Emerge...	Bright Eyes	Sports & Outd...	3		1	#29,383	$11.99	$5.53	54%	102	7846	$1,330	180	$7	4.4	80	0.130	2	06/27/16	FBA
12	热门 Bright Eyes Green & Red Portabl...	Bright Eyes	Sports & Outd...	3		1	#31,439	$14.99	$5.98	60%	245	7846	$3,357	918	$4	4.4	80	0.150	1	04/21/15	FBA
13	热门 16 Pieces LED Boating Lights Ka...	Mudder	Sports & Outd...	5		1	#33,978	$17.59	$6.62	62%	154	N/A	$2,689	78	$34	4.3	82	0.661	1	05/15/21	FBA
14	热门 Attwood Black Cover 1-Mile Deck...	attwood	Sports & Outd...	6	3	10	#121,988	$30.18	$8.28	73%	80	0226	$2,341	85	$28	4.3	66	0.150	3	11/24/08	AMZ
15	Vbakor Pontoon LED Strip Lights, 12V 5M...	Vbakor	Sports & Outd...	6		1	#41,522	$25.99	$7.89	70%	153	7122	$3,976	134	$30	4.6	78	0.399	5	01/16/21	FBA
16	热门 Orion Safety ALERTER Basic 12...	Orion Safety	Sports & Outd...	6	4	9	#44,230	$72.50	$14.88	79%	214	0774	$15,307	635	$24	4.8	65	0.549	1	10/01/01	MCH
17	热门 ACR ResQFlare E-Flare Boat Saf...	ACR	Sports & Outd...	9		1	#43,356	$109.99	$22.72	79%	176	7916	$18,418	88	$209	4.7	84	2.030	1	11/13/20	FBA
18	热门 HONG 111 LED Navigation Lights...	HONG 111	Sports & Outd...	4		1	#78,876	$11.99	$5.55	54%	37	N/A	$444	23	$19	3.5	78	0.240	4	06/16/21	FBA
19	热门 ACR HemiLight3 HL3 - Automatic...	ACR	Sports & Outd...	[illegible]	[illegible]	20	#5[illegible],024	$19.99	$6.74	66%	82	7916	$1,065	36	$30	4.8	86	0.071	1	05/05/16	FBA
20	热门 WICKED Life Jacket Strobe Light...	Wicked	Sports & Outd...	4		1	#83,896	$15.95	$6.12	62%	84	N/A	$1,340	40	$33	4.5	80	0.051	3	02/06/20	FBA

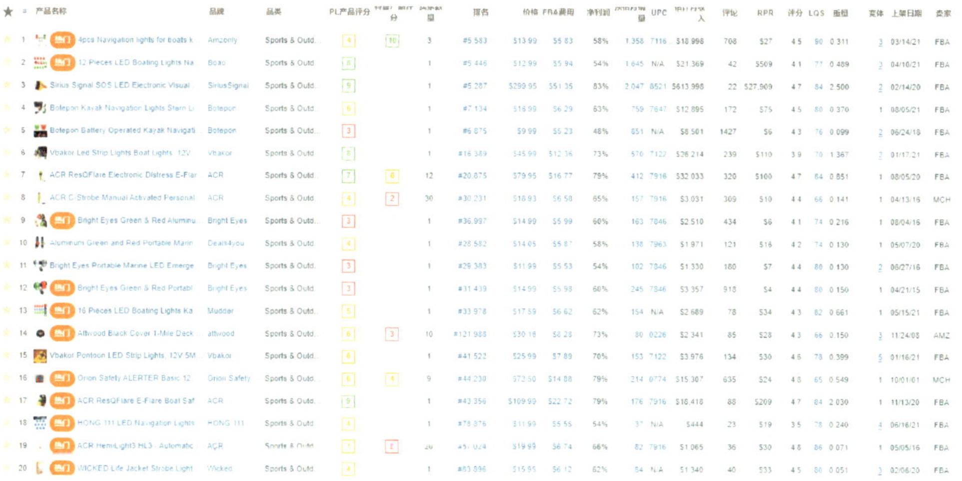

图 6-12　Boat Strobe & Safety Lights TOP20(AMZ 数据分析)

根据市场的容量选品,能决定未来卖家在该品牌中投入的人力、物力及推广资源的程度。

6.5 评论数量选类目

亚马逊链接的评论数量可以直接反映产品竞争程度,评论数量是由产品上架时间、产品销量、留评率决定的,根据每个月评论数量的变化可以推算此产品的销量和留评率。如果是亚马逊新店铺,一个新产品上架,订单转化率在5%~10%,评论在评分和数量具备优势的情况下转化率在20%~30%,留评率在1%~5%。有的人卖了上千件货,不到10个评价,有些留评率在5%,非常少见,整体来看亚马逊留评率是非常低的。

2019年的购物季,亚马逊全球消费者一共留下850万条评论,其中6.4%为差评,数量超过50万条。各国的评论率也有差异,美国、英国、德国和日本的差评率低于全球平均水平,不足6.4%,其中美国为5.6%。而在其他一些国际市场,比如巴西、西班牙和印度,差评率就超过全球平均比例,印度达到了14.3%。从全年差评率来看,印度基本稳定在14.3%,而美国大部分时候仅为3.75%。大部分的差评基本上是因为订单配送不及时,包裹丢失,客户收不到货,商品尺码和颜色的差异,商品信息错误等。亚马逊针对消费者投诉配送不及时的问题,特别设置截止时间,表示消费者在截止时间或截止时间之前支付完成的订单,可以保证在圣诞节之前送达。但是,如果卖家选择自发货,没有使用亚马逊FBA物流,那么亚马逊无法为消费者提供保证。

我们通过留评率可判断类目的销量,结合上架时间就可做基本分析。如果某类目的产品评论平均数量过千甚至近万,那意味着此类目的竞争比较大。根据类目的TOP100的排名,观察评论数量在1000以下的listing,通过历史的排名和售价仔细分析运营的进度及销量情况,判断新进入是否有机会。如果要新推链接,那么在该链接的评论数量没有达到该类目平均水平之前,光靠站内流量很难维持listing销量稳定。同样可以理解,类目评论数量过千的,可以当作红海类产品,这肯定不是一个新的类目市场,应分析自身是否具备产品优势或运营优势,如不具备优势就进入此类目,成功的可能性非常小。

比如Sheet & Pillowcase Sets类目的产品,类目评论数量均在万级以上(图6-13),

卖家进入此类目,产品很难有销售机会,客户大多在评论万级数量的 listing 中做选择,所以当新进入的 listing 不把评论累积到万级以上,很难到达高点,而评论累积到万级以上,前期付出的时间和推广成本一定很大,综合考虑自身情况,可判断是否有机会进入。

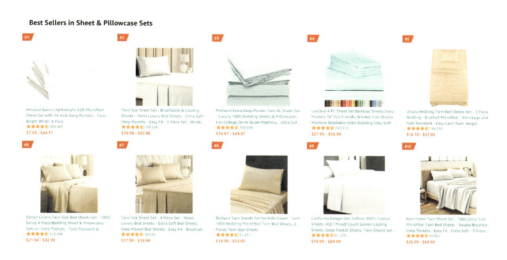

图 6-13　Sheet & Pillowcase Sets(床单和枕套套装)类目

Inflatable Outdoor Holiday Yard Decorations 类目的产品,可以看到此类目的产品评论数量不稳定,评论平均数量也不足千级,说明该类目的产品有潜在的短期机会,容

图 6-14　Inflatable Outdoor Holiday Yard Decorations(充气庭院装饰品)类目

易进入(图6-14)。充气庭院装饰品类目多为万圣节的产品,季节性比较强,如果款式选品好,很容易进入 TOP 排名。此类产品的风险在于季节性和库存备货,销量控制不好就容易形成库存,积压资金。

6.6 类目评分选品

页面的评分是该 listing 的产品和服务质量的直接反馈。亚马逊类目平均评分如在 4 颗星以下,此类目产品可能存在各种问题,整个行业可能有无法解决的问题。如上架此类产品,出现的情况可能是,新上架的 listing 容易形成优势,可能会短时间起量,但很快就会有差评,导致产品重新上架,重新运营,难形成爆品。而且这样的类目投诉不断,经常会导致该类目审核,甚至直接关闭和停用该亚马逊类目。

比方说义齿修复套件类目(图6-15)评分平均低于 3 颗星。如果是常规的类目,那么这种产品根本就不会有销量或有 TOP 的类目排名,但这个类目的评分低是普遍存在的问题。我们需要分析为什么会产生这种状况,根据差评的反馈,主要是因为尺寸不合适和无法固定。这些问题难以解决,因为每个人的嘴型和牙齿形状各不相同,如果要改进此类产品,需要做很多种类型的牙齿,尽量去符合每个人的尺寸。但这种解决方式要考虑产品开发的成本及退货的成本,因为这种产品一旦使用后退货就会遭到弃置或因尺寸问题导致退货率极高。或这个行业还存在其他的门槛问题,如 FDA 认证等。

开发这类产品,如果能解决普遍的差评问题,那么产品可能会畅销。这类产品需要投入很多时间和精力反复琢磨解决方案。

如果类目的评分均在 4.5 分以上,那么该类目的产品或供应链相对比较成熟。在此类目下进行创新设计和开发,产品的稳定性会比较强,电商的店铺运营也会比较持久,相对比较安全,避免经常发生链接审核和大量的售后差评问题。比方说 Rope Lights(绳灯)这个类目,评论数量已在上万单,类目的评分依然在 4.5 分以上,说明该类目的供应链稳定且质量到位(图6-16)。这种类目的运营难点在于前期的产品推广,如果前期产品销量能稳步上升,那么后续的运营工作会更加容易,或针对用户需求创造差异性产品,也很有机会胜出。

第 6 章　亚马逊产品开发的十二要素

图 6-15　Denture Repair Kits（义齿修复套件）

图 6-16　Rope Lights（绳灯）类目

 6.7　常规季节选品

　　有一定经验的亚马逊卖家以季节性的特点作为选品条件，如果是不到一年的新卖家，建议慎入。因为电商运营一年为一个周期。没有经历过淡旺季的卖家，无法把控产品的销售周期和库存，产品库存积压容易造成不必要的损失。

季节性产品具有销量起伏大、物控要求高的特点。淡季可能一个月都不会出几单,但在旺季的时候每天销售上千单。比方说加热衣服,这是一款极具季节性特点的产品,我们可以通过插件 keepa 查询到 listing 的历史排名情况。如图 6-17 所示的 listing,过去每年的 11 月至次年的 2 月都是订单的高峰期,在每年的 5 月至 9 月是淡季,几乎没有订单。如果是新品,前期推广很难把控销量。listing 相对稳定需要 2 个以上的周期,在有一定运营经验的基础上,卖家需要经过两年的沉淀积累才有可能稳定预测每一次旺季的销量,准确把控库存的数量。这种季节性产品相对常规性产品竞争较小,因为每年的旺季来临,相当于卖家的产品链接基本上回到了同一起跑线上,对于有运营优势的公司或个人来说,如对产品较为了解,季节性产品兴许是个机会。

图 6-17 加热衣服销售排名展示图

常规性产品不存在季节性,销量相对稳定,如果销量起来了,把售后维护好,把运营的基础工作做到位,即可维持产品销量。所以对于新手,建议从常规性产品入手,把握 listing 的运营持续性,特别是第一年,全面感受一次亚马逊的周期,各季节对产品的影响,及淡旺季和节假日对产品销量的影响,有了一定的基础再去关注季节性产品。

6.8　技术门槛定位选品

如果卖家经营的产品技术门槛比较低,意味着很多人都可以加入,这个产品或行业容易产生竞争,显然不会长久。如果卖家经营的产品或行业有长年的技术积累,则具备门槛和竞争力,最明显的特点为专利保护。在美国,专利分为三类:发明专利、外观设计专利和植物专利。我们常遇到的是外观设计专利。

有功能的发明才可以申请发明专利,发明专利通常提供做某事的新方法,或为问题提供新的技术解决方案,发明专利的保护期自申请日起 20 年。

外观设计专利必须为外观上的设计才可以申请,外观专利保护的范围主要限定在专利中所绘示出的物品外观部分。

植物专利是通过植物专利保护无性繁殖的新品种,但不包括块根、块茎植物。保护期限自申请日起 20 年。

如果把产品技术当作选品门槛,可以把产品主要分为电子类产品和非电子类产品。电子类产品是指任何类型的电子设备,包括但不限于智能手机、台式电脑、笔记本电脑、收音机、电视接收器和监视器、摄像机、数字音频播放器、音乐系统和相关设备、微波设备和全球定位系统。电子产品的一个重要特性,就是它们全都会随着时间而有降低价格的趋势。然而,这也促使很多消费者定期更换消费电子产品,产生电子垃圾。只要是带电路板的产品都是电子类的产品,就会涉及软件和硬件。电子类产品的技术门槛较高。而非电子类产品更容易复制和仿造,而且价格普遍不高,容易陷入价格战。比方说制作冰块的塑料盘和托盘类目,价格普遍不高,难以形成高价或高利润的产品(图 6-18)。

如果是电子类产品,可以升级功能或者通过设计提高产品性能,会产生高溢价的可能,如吹风机产品,图 6-19 中框内的产品明显比其他产品溢价很多,虽然 REVLON 具备较强的品牌效应,产品的优势也很大,相比其他的吹风机增加了梳头的功能,也更利于柔顺头发。在此类目中通过对电机性能升级,高速直流无刷电机的转速可达 10 万转/分(图 6-20),风筒的功能大大提高,更利于吹干头发,有护发能力,也相应地提升了产品的溢价能力。据此,我们可分析出吹风机后续可继续迭代,产品会持续更

图 6-18 制作冰块的塑料盘和托盘类目

图 6-19 吹风机类目

新,产品的溢价空间还会继续上升。

当然个别的非电子类产品也具有极高的利润率,这种产品的特点为有知识产权专利、不易模仿或有强大的品牌效应,如化妆品、手工艺产品、定制产品等。

图 6-20 电机升级后的吹风机

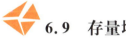 6.9 存量增量趋势选品

什么是存量和增量？打比方来说存量就是已经做好的蛋糕，增量是即将制作或者正在制作的蛋糕。那对于市场而言，进入存量市场就是如何分蛋糕，进入增量市场就是如何制作蛋糕。到底是在存量市场选品还是在增量市场选品，取决于自身优劣势。如果在产品新技术、新设计、新制造或在营销资源方面有明显优势，那么进入存量市场会迅速获取部分用户，因为不需要培养市场，只要产品或营销优于对手，就可以轻易胜出。在现有的市场，大多数的产品都是在存量市场，寻找增量市场的产品极少。

增量市场出现的产品主要有两个方面的原因。一是技术的进步导致新产品淘汰了旧产品，比方说笔记本电脑代替了台式电脑(图 6-21、图 6-22)，智能手机代替了按键手机。这种情况实际上还是在存量市场上做的增量产品。英特尔创始人之一戈登·摩尔提出一个理论：集成电路上可容纳的晶体管数目约每隔两年便会增加一倍，即摩尔定律。英特尔首席执行官大卫·豪斯提出：预计芯片每过 18 个月，其性能将提高一倍(即更多的晶体管使其速度更快)。这是一种以倍数增长的观测。英特尔 1971 年发布的第一代微芯片 4004 和第五代酷睿 i5(Core i5)处理器对比，就能看到摩尔定律的力量：最新一代芯片的处理速度提高了 3500 倍，能耗是原来的九万分之一，成本降至原来的六万分之一。笔记本和移动工作站继续增长,其出货量在 2021 年达到 2.75 亿台,同比增长了 16％;台式机和台式工作站的出货量在 2021 年达到 6600 万台,同比增长了 7％。这就是技术升级给市场带来的巨大变化。

图 6-21 笔记本电脑和台式电脑

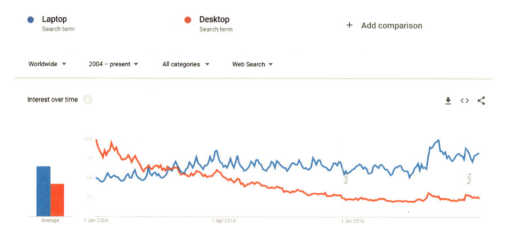

图 6-22 笔记本电脑与台式电脑交替过程

二是市场出现了新需求,这种产品可能在短时间爆发,让广大消费者接受,但很快需求就会锐减,比方说指尖陀螺,这是一种扁平形状的玩具,中间有一个轴承,边缘可能会有较重的物体,增加转动惯性。指尖陀螺的发明者是一位名叫凯瑟琳·赫廷婕的女士,来自美国佛罗里达州。20 世纪 90 年代初的一个夏天,当时,她被诊断患有重症肌无力,但她还需要照顾 7 岁的女儿莎拉。由于健康原因,她没有太多时间陪伴莎拉,于是她就用小轴承等简单材料制作了一个随身携带、可随时随地在手上旋转的小陀螺。1997 年,她申请了专利,并小批量制作一些玩具在展会发售。但在 2005 年由于没钱续缴专利费用,她不得不放弃了该专利。在 2016 年初,一些玩家重新将指尖陀螺拾起,并把一些相关的视频发布到 YouTube 上,逐渐有越来越多的人开始关注这一产品。部分专家学者认为指尖陀螺可以有效地帮助人们缓解压力,一拨一转之间,让专注于旋转的人们能短时间忘记烦恼,更重要的是能帮助多动症儿童集中注意力。这个小玩具转得快,又顺畅,让人们对它着迷,指尖陀螺销量在2016年迅速爆发。我们根据谷歌趋势图发现,指尖陀螺在短时间迅速流行,但在2017年销量急剧下滑。这一产品就是在增量市场上获得短期市场爆发,属于机会产品(图6-23和图6-24)。

图6-23 指尖陀螺发明者凯瑟琳和她的孙女(左图)、苏格兰首席大臣在爱丁堡的选举中玩指尖陀螺(右图)

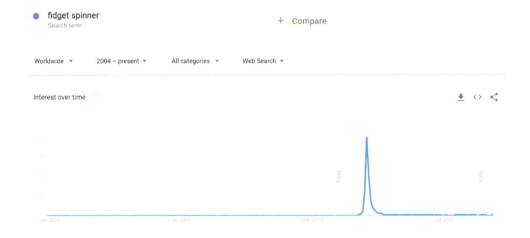

图6-24 指尖陀螺的谷歌趋势图

我们再以空气炸锅举例,它与将食物浸没在热油中的深油炸锅不同,空气炸锅使用对流空气加热。它利用循环热空气来烹饪食物,类似于风扇烤箱,并依靠称为美拉德反应的化学过程来使食物的外部变脆。空气炸锅与烤箱相比,烹饪时间更快,且尺寸更小，更节能。这意味着它是一种更环保的烹饪选择，从长远来看可以省钱。如果想尽量减少电费，空气炸锅是一个很好的烹饪用具。这个产品的市场容量在 2014 年逐步上升，并且在 2020 年爆发，它与面包机相比，功能更多，但对面包机的市场容量没有造成太大影响，所以空气炸锅是 2014—2020 年增量市场上的典型案例，销量持续上涨，在未来有可持续性的市场容量(图 6-25 和图 6-26)。

图 6-25　空气炸锅和面包机

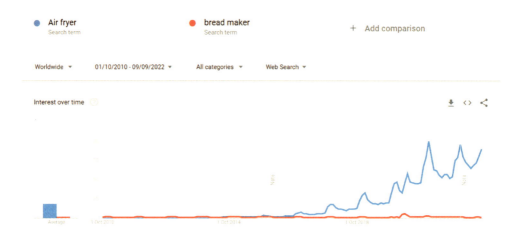

图 6-26　空气炸锅和面包机的谷歌趋势图

存量市场和增量市场的选择各有优势，取决于卖家对自身特点的把握。有持续研发能力的公司或个人可以从存量市场进入，这样更容易获得订单；如从增量市场进入，机会成本比较大，前期投入比较多，爆发增长快，相应的竞争比较小，有一定的红利期。

6.10 冷热市场定位选品

冷门产品解决小众群体的需求,市场的竞争往往相对较小,有溢价的空间,利润空间也比较理想,但销量不大,营销相对比较容易。

热门产品受消费者欢迎,如流行产品、常用产品、时下特色产品等。对于热门产品,消费者有盲目消费的心理,成交迅速。

冷门产品中不受欢迎的产品在日常生活中往往很少出现,如果不仔细了解,卖家很难想到或找到这些产品。这类产品通常在亚马逊各类目排行榜的三、四类节点之下,这就需要卖家花费大量的时间研究,逐步查阅亚马逊各级节点,从热销榜、飙升榜、新产品榜中寻找线索。

亚马逊平台上总共有41个大类目,大类目下划分为不同的小类目。亚马逊的分类原则主要根据产品的属性。大小类目总共有超过25000个类目类别。卖家在上传产品时,在产品信息的页面里选择产品的各级类目。卖家在寻找冷门产品时,应在各级特定类目中寻找产品,要清楚翻阅了多少类目,如果数量不大,很难找到冷门产品。比方说系泊浮标(当船舶遇到风暴时,为使船首顶着风浪,以减轻船舶漂流而抛出的锥状悬浮物)常用于救生艇、救生筏和小型渔船(图6-27)。如果是一直生活在内地的人,又没有接触过船,是无法知晓这种产品的,因为生活中根本就不会出现这种需求。可这种产品一直存在而且不会消失,但也不会大量存在,只是少部分人的需求,未来也不会有大的爆发量,这种就是冷门产品。这种冷门类目竞争相对较小,容易切入,如能有新的设计和功能优化,替代现有产品的可能性更大。比方说船用雷达,这种产品单价高,又有技术门槛,利润比较可观,但关键在于能否掌握此产品的核心技术或产品有超越竞争对手的功能属性(图6-28)。如果这些都是卖家衍生类目的产品,那这些冷门产品都是可以长期研究的对象。

再举一个冷门产品的例子——摄像头探测器,如图6-29所示。它可以防监听,精准检测无线设备信号源,可用远程红外线扫描针孔摄像头,磁探技术能很快检测是否被人安装强磁休眠待机的定位器,可用夜视摄像头探测,同时可以检测出网络信号等,如外出入住房间可检测周边是否有针孔摄像头。经常外出的人会有这种需求。而且

图 6-27 系泊浮标类目

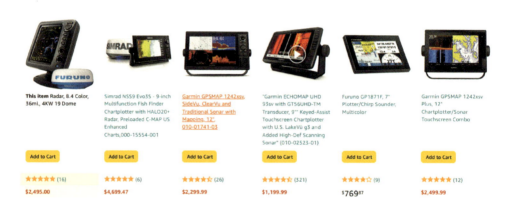

图 6-28 船舶雷达

这种产品部分技术有专利保护,溢价能力高,利润率也相对比较高,可高达 50％,虽然出单量不多,但一个月的利润并不低于红海类某些产品月销几千单的利润总和。可见满足小众群体需求的产品,避开激烈红海竞争,是某些跨境卖家长久生存且盈利的选品方式。

热门产品指在当下处于极度受消费者喜欢状态的产品,它包括市场容量大或当下流行的产品。如果选择热门产品,卖家面临的竞争较为激烈,市场量足够大,产品一旦热销容易起量。这种产品既可以是短期增量产品,也可以是市场容量大的产品。

图 6-29 摄像头探测器

 6.11 差异化创新选品

差异化创新选品是在市场上比较畅销的产品基础上做差异化设计，需要有明显区分。如果卖家去网上采购工厂自有的产品并贴上自己的品牌，将导致无底线的低价竞争。整个类目的产品价格呈螺旋式下降，最后几乎没有利润。

6.11.1 包装设计

为了在亚马逊市场上持续保持竞争力，卖家不仅需要找到新的方法脱颖而出，还需要保持低成本以获得更多利润。通过包装区分是一个比较简单而又容易做到的事情。

第一印象很重要，客户在搜索和购买产品时首先看到的就是包装。一起来看看图 6-30 的洗衣液是如何脱颖而出的。在亚马逊浏览时，首先吸引消费者注意力的是品牌，该图指出，包装使用的塑料减少了 60％，产品装在一个环保的盒子里，并配有一个不滴水的扭转水龙头。此外，杯子或喷嘴便于洗涤剂倒出。核心是简单方便。这里需要卖家思考的是包装能否给人一种环保或高端的印象。

再举一个例子，看看图 6-31 的包装。它的设计很吸引眼球，它巧妙找到其他创造

图 6-30 洗衣液包装差异化产品

性的方式来赋予产品新的含义,把意大利面的包装变成一个美丽的收藏品。卖家应创新思考,包装需要大胆创新。

图 6-31 意大利面条的包装创新差异化

6.11.2 捆绑销售

产品捆绑销售可鼓励客户购买更多产品,以一件产品的购买价格购买多种产品。客户从产品捆绑中受益,因为他们为每件商品支付的费用低于单独购买每件商品的费用,如图6-32所示的瑜伽套装。选择捆绑产品的经验法则是,选择相互补充的产品,以便于客户使用。

图 6-32　捆绑销售的产品

6.11.3 产品创新

卖家可以考虑为产品添加额外的功能或者选择定制配方。如果卖家销售的是美容类产品,可以联系制造商并检查他们是否有能力配合制作创新产品,以便在亚马逊市场上拥有竞争优势。值得注意的是,产品创新不一定是一个巨大的变化,有时一个小小的调整可能需要很长的时间验证可行性。

以图6-33的头发定型产品为例。Hanz de Fuko为最畅销的头发定型产品开发了一种"秘方"。它具有超强的定型性、多功能性,最重要的是它很容易洗掉。根据实际试用,它比其他同类产品定型的效果更好,但它价格并不高。

创意会让产品与众不同。例如,如图6-34所示的泡茶器外观不同于一般的泡茶器,是一个长颈恐龙形状。泡茶时,它会增添一丝乐趣,而且它是一份很棒的礼物。有时一个简单的产品可以通过改变形状或添加一个简单的功能来实现产品的差异化,甚至不会过多地增加整体制造成本。

图 6-33　头发定型产品

图 6-34　有创意的功能产品

6.11.4　尺寸改良

根据消费者的潜在需求，我们可以针对产品进行尺寸改良，比方说瑜伽垫，可以制作双人瑜伽垫（图 6-35），而不是只适合一个人的标准尺寸瑜伽垫。

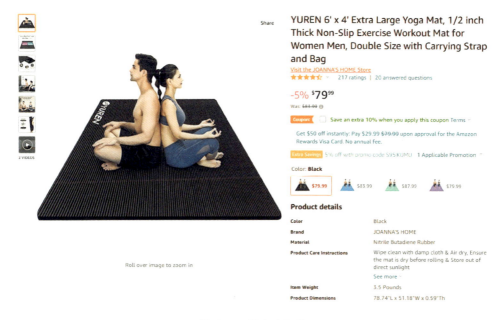

图 6-35　双人瑜伽垫

6.11.5　售后服务

卖家可以通过售后区分产品服务,客户的购买行为不是在客户购买产品时结束。专业卖家必须提供售后服务以吸引客户不断回购商品。例如,发送教程视频帮助客户充分使用产品,当然,要避免负面评论和投诉。卖家可以在客户购买过程中包含其他售后服务,例如发送有用的信息,以拓展业务。卖家需要获取客户的电子邮件,以便客户了解品牌故事、接收促销信息,甚至应提前了解客户可能面临的新产品问题等。为了在亚马逊上有更多的销售额,卖家需要优化产品列表。列表优化就是通过识别和添加相关的长尾关键词和一些简单的优势或功能,为列表带来更多相关流量,从而提高转化机会,以便在亚马逊获得更好的高流量关键字的排名。亚马逊的 A+内容也是一种通过描述部分中增强的图像和文本放置来优化产品列表的好方法。但只有品牌注册的卖家才能使用 A+内容,若卖家尚未注册,应先完成品牌备案。这种方式是从运营的角度上提供更多的思考。

6.11.6　产品个性组合

卖家还可以通过个性化的产品设计区分自己的产品。卖家在这方面只要稍加努力,就可能取得很不一样的效果。

卖家可以为客户提供个性化产品。例如,贴纸装饰水杯为消费者提供有意思的DIY设计,让孩子们更喜欢这个产品(图6-36)。这将吸引想要购买的人或赠送礼物的人。这种方式其实就是把两种不同类型的产品组合在一起,就产生了一个具有差异化的产品。

图 6-36 个性化的 DIY 产品

6.12 发货属性选品

卖家在亚马逊上面临的常见问题之一是选择哪种发货方式。卖家可以自己发货,即使用商家履行(FBM,fulfillment by merchant)方式,也称为商家履行网络,或者依靠亚马逊来发货,即亚马逊履行(FBA,fulfillment by Amazon)。这两种系统各有优缺点,这对选品有重大的参考意义。

FBA 和 FBM 的优缺点见表 6-3。

表 6-3　FBA 与 FBM 优缺点对比

如果满足以下条件，FBA 将更适合您：	FBM 将更加可行，前提是：
您的产品销售速度很快	您的产品销售速度不快
您不想自己完成订单配送	您完全有能力完成您的订单和处理退货
您没有完善的物流网络，或者您无法找到可靠的运输或送货合作伙伴	您拥有可靠的物流网络和必要的资源来处理包装和运输订单
您没有空间存放您的产品	您有足够的空间来存放您的产品
您的产品体积小、重量轻，而且最好价格较高	你的产品又大又重又贵
您不介意支付额外的 FBA 费用	你想要更大的利润
您没有足够的网络和人员来提供客户支持	您可以轻松提供客户支持

FBA 显著优势如下。

第一，卖家拥有销售的主要资格。使用 FBA 模式的卖家有资格获得接近 1 亿亚马逊 Prime 会员订阅者的资格。Prime 客户购买更频繁，每年花费更多，占亚马逊客户群的一半。卖家的产品有资格享受 Amazon Prime 免费两日送达服务。卖家使用 Amazon Prime，可能会销售更多产品，因为卖家的列表与亚马逊相关联，所以能赚取更多利润。

第二，卖家有 Buy Box 优势。FBA 的卖家有更多的机会赢得 Buy Box。拥有 Buy Box 的卖家比亚马逊的其他卖家有更大的销售潜力，因此，尽可能多地赢得 Buy Box 至关重要。虽然还有其他因素在起作用，但 FBA 绝对是一个重要因素。

第三，发货由亚马逊履行中心完成。亚马逊使用最先进的履行和物流网络来及时处理和运送订单。库存系统地存储在亚马逊仓库和履行中心。亚马逊负责物流部分，卖家可以专注于其他关键方面。

第四，客户服务和处理退货方便。除了为卖家处理订单履行，亚马逊还将为产品提供客户服务，并处理在此过程中可能出现的任何退货问题。

第五，使用 FBA 的卖家将在搜索结果中的较高位置显示产品列表。虽然官方没有正式说明，但众所周知，亚马逊履行是影响亚马逊搜索引擎优化的主要因素之一。这意味着提高了转化率，即有更多的曝光率和更高的销售额。此外，亚马逊 FBA 货物入仓的盒子尺寸是有要求的，包含多个标准尺寸物品或超大尺寸物品的箱子的任何一侧不得超过25英寸(即63.5厘米)。大件商品过大的箱子可能会受到运输特权的限制,产生额外费用或在运营中心被拒绝。称量箱重时应称量箱子和托盘,并确保为每批货物提供正确的数值,所有纸箱还必须满足以下重量要求:箱子不得超过50磅(即22.7千克)的标准重量限制,除非它们包含超过50磅的单件物品,对于超过100磅的单件物品,请在包装箱的顶部和侧面注明"机械升降",装有珠宝或手表的盒子不得超过40磅。所以卖家应熟知亚马逊仓库FBA限制入库的产品要求。

使用亚马逊FBA的主要缺点之一就是费用高。它需要核算到卖家的利润占比中,会减少卖家的利润。因此,对于那些体积小、重量轻的物品,FBA更可行。除此之外,卖家还必须考虑库存仓储费。这些是卖家向亚马逊支付的用于将产品存储在其运营中心的费用。这取决于存放物品的时间以及产品的尺寸。亚马逊将不同类别的产品存储在同一个地方,因此不同品牌的产品会混淆。如果标签不正确,产品可能会被错误处理,甚至可能导致损坏。选择亚马逊物流的卖家必须严格遵守亚马逊规定的包装要求。如果不这样做,可能会导致产品根本无法运送给客户,这样就使得包装没有灵活性。因此,按照上述标准准备产品可能是一个烦琐且耗时的过程。亚马逊FBA还附带某些因州而异的税收义务。作为卖家,了解纳税义务至关重要。FBA优缺点见表6-4。

表6-4 FBA优缺点

优点	缺点
亚马逊Prime资格	高昂的FBA费用
Buy Box优势	库存仓储费
通过提高搜索结果中的可见性来提高销售潜力	低利润率
客户服务、退货和运输由亚马逊处理	减少对包装的控制
更好的转化率,因为人们更喜欢购买亚马逊FBA附带的产品	纳税义务
方便的库存存储	库存访问受限

FBA是否适合卖家,卖家可以使用FBA计算器计算产品的盈利能力后确定。该计算器可以让卖家很好地了解利润率,并帮助卖家相应地制定选品商业计划。

商家配送通常也称为商家配送网络(MFN,merchant fulfillment network),是FBA的最佳替代方案,也就是FBM。卖家负责自行处理和运送订单。除此之外,卖家还必须提供客户服务并在出现问题时处理退货和退款。

这种方式的所有责任都落在卖家的身上,因此卖家必须有一个具体的系统来确保业务顺利进行。在考虑选择亚马逊 FBM 之前,卖家最好满足以下要求。首先卖家要有个整齐而系统地存储库存的地方,其次有可靠的物流和配送网络,确保产品顺利准时送达。最后卖家还应具备快速处理订单的能力。这涉及按照标准对订单进行包装和贴标签,同时可以方便地处理退货、退款并为产品提供客户服务,而不会对业务产生负面影响。独家产品和小批量或一次性产品的卖家适合使用 FBM。

卖家还需要知晓 Amazon SFP(Amazon seller fulfilled Prime),它与 FBM 非常相似,商家全权负责处理订单并将其及时运送给客户。然而,这有一个很大的好处,卖家可以在自己完成的列表上展示 Prime 徽章,并享受所有相关的好处,而无须注册 FBA。Amazon SFP 还允许卖家更有效地拥有 Buy Box。在这种情况下,Amazon SFP 与 FBA 相似。在许多方面,Amazon SFP 是一个游戏规则的改变者,因为它允许合格的卖家获得 Prime 徽章,而无须支付高额的 FBA 费用。但是,加入 Amazon SFP 并不容易。

亚马逊实质上是将其 Prime 徽章授予未使用 FMA 的卖家,因此它希望确保卖家确实能够成功并达到客户对亚马逊 Prime 运输的高期望。因此,为了加入 Amazon SFP,卖家必须证明他们能够满足亚马逊 Prime 运输标准。这发生在 30 天的试用期内,包括卖家必须按时发货 99% 以上的订单,取消率低于 0.5%,超过 98.5% 的订单使用 Amazon Buy Shipping 服务,允许亚马逊处理客户服务查询,通过亚马逊支持的 Seller Fulfilled Prime Carrier 交付订单,可以在亚马逊网站上找到这些要求的更详细列表。成功通过 30 天试用期后,卖家将自动注册 SFP。

与 FBA 相比,使用 FBM 的优点如下。卖家可以更好地控制包装,以适合的方式包装产品。卖家还可以选择定制包装选项,让自己的产品与亚马逊上的其他竞争对手相比更专业。由于卖家将所有库存产品存储在一个地方,因此可以轻松监控和跟踪产品。卖家还将在此过程中更好地控制库存。使用 FBM,不会产生任何意外成本或 FBA 费用,通常这些费用会减少利润。卖家甚至不必支付长期仓储费或其他相关费用,因为卖家没有使用亚马逊的运营中心。卖家可以事先与运输合作伙伴就报价达成一致,并很好地了解预期利润。如果卖家有资格获得 Seller Fulfilled Prime,那么可以与 FBA 卖家竞争 Buy Box。此外,亚马逊 SFP 还将为卖家的列表提供 Prime 徽章,并提高其在搜索结果中的可见度。

但许多 FBM 卖家普遍抱怨的是,他们将大部分销售额输给了 FBA 卖家。亚马逊客户通常更喜欢购买带有 Prime 徽章并由亚马逊配送的产品。解决这个问题的一种方法是有效的品牌营销,结合卓越的产品、良好的评论、有竞争力的价格,并加入 SFP。即使卖家不支付 FBA 费用,也需要考虑其他管理费用,例如员工费用、仓库租金、水电费等。因此,在选择具体发货方式之前,强烈建议卖家进行适当的计算。FBM 优缺点见表 6-5。

表 6-5 FBM 优缺点

优点	缺点
更高的利润	管理费用
更好地控制库存	来自 FBA 卖家的激烈竞争
更好地控制业务	更多责任
能够从同一仓库完成离线和在线订单	很难加入 SFP
更好地控制包装	
能够与 SFP 竞争 Buy Box	
更好的转化率,因为人们更喜欢购买亚马逊 FBA 附带的产品	纳税义务
方便的库存存储	库存访问受限

在了解了这两种发货方式之后,如果卖家拥有快速周转的热门产品,一天可能会收到多个订单,那亚马逊 FBA 应该是首选,最好让亚马逊负责发货和其他相关流程。同时,卖家还应确保产品不笨重,以免产生高额的 FBA 费用。虽然 FBA 费用较高,但是值得,因为它可以帮助卖家获得 Prime 徽章和购买优势。

如果卖家的产品销售较慢,最好选择亚马逊 FBM,卖家收到的订单不频繁,支付亚马逊 FBA 仓储费毫无意义。如果卖家已经建立了销售网络,那么选择此发货方式也是个好兆头。

此外,如果产品特别重、特别大并且需要专门包装,FBM 也很适用。它会让卖家更好地控制包装,卖家可以按照自己想要的方式包装产品。如果卖家在这种情况下采用 FBA,那么产品可能无法得到妥善处理,甚至可能损坏。所有这些都不包含在高额发货费用之内。

因此,卖家在选择 FBA 和 FBM 时,业务规模和销售商品的类型非常重要。为了获得更好的结果,卖家可以通过比较这两种发货方式选择未来开发的产品。

通过分析上述选品的十二要素,不管卖家做什么产品,都可以找到选品的入口路径,发挥自己独特的优势。

第 7 章

产品如何建立市场优势

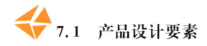 7.1　产品设计要素

产品设计是企业提升产品竞争力直接有效的手段。进行产品设计前需要观察当地的客户,了解他们的行为,记录并分析阻碍他们购买的因素,从市场角度出发,挖掘产品的市场价值,基于概念创建各种原型,在这些基础上相互比较时,可能会诞生一些更好的想法。这个阶段是纯粹的创造力发挥阶段,可以让相关营销人员一起参与设计开发。

设计不仅仅是纸上的设计,更是一个从头到尾的实践过程,必须是可实现的概念想法,且具有很高的审美价值。产品设计成功的关键是了解客户的目的。产品设计师通过对潜在客户的习惯、行为、需求、同理心和自身认知来真正为用户解决问题。平常很多企业招聘的设计师设计和开发了很多产品,但往往效果并不理想。设计师的认知也是很重要的一个因素。比方说设计极具特色的五星级酒店,如果设计师本身没有去过五星级酒店或对五星级的标准理解不够,很难做出好的方案。如果个人或企业自身设计能力薄弱,可与优质专业的产品设计公司合作,共同完成新产品的研发。

因此,产品设计是识别市场机会、明确定义问题、为问题寻求适当的解决方案以及与真实用户验证解决方案的过程。在制定产品设计规格时,要考虑生产过程、观众期望和最终决定。

Meater是一款与众不同的温度计,它是专为料理设计的温度计,是无线智能肉类温度计。一方面它采用无线设计,使用者可以直接将它插入食材中,并透过Android与ios平台的app监控食材内外的即时温度,以利精确控制火候,如此一来便能让使用者在家中也能做出高水准的料理,烹煮出美味的牛排、鸡肉、火鸡、鱼等料理(图7-1和图7-2)。另一方面它能节省使用者宝贵的时间。它会自持续监控食材的温度变化,并将数据传输至智能手机等装置中的app,当温度达到目标之后,装置便会发出通知信息,告诉使用者料理已经完成了。使用者能够利用等待时间处理其他食材,提升工作效率。肉类温度计解决了烤肉时无法离开现场的痛点,也避免了烤肉时温度把控不到位的问题。虽然它的价格比同类产品高出几倍,但依然能持续稳居类目TOP10,这就是产品本身的优势。

图 7-1 Meat Thermometers & Timers（肉类温度计计时器）类目

图 7-2 使用者只需将 Meater 直接插入食材即可（左图）和专属 app 会通知温度达标（右图）

酒吧杯垫是一个常见的产品（图 7-3）。Couch Coaster 是针对坐在沙发上的人开发出的一款固定在沙发扶手或躺椅（织物或皮革）上的杯垫，是一款原创的专利饮料杯垫，由柔软、加重、不含 BPA 的硅胶主体制成，带有黏性底座（图 7-4）。该产品在 2017 年上线，售价 25 美元，总销量破万单。

2021 年 10 月一款沙发杯架托盘上线（图 7-5）。这款杯垫比 Couch Coaster 沙发杯垫更加便利，可以放饮料、手机和遥控器，售价为 39.9 美元。该产品经过半年的运营，月销突破千单，销量超过 Couch Coaster 杯垫进入了类目 TOP10。

类似的案例举不胜举，由此可见价格一定不是产品的核心竞争力，为用户思考，解决用户遇到的场景痛点才是产品制胜的法宝。

图7-3　Bar Coaster(酒吧杯垫)类目

图7-4　Couch Coaster 沙发杯垫

图7-5　新款沙发杯架托盘

7.2　供应链壁垒要素

供应链是参与创造产品并将其交付给消费者的个人和公司的网络。供应链从原材料的生产者开始,到将成品交付给最终用户时结束。

供应链管理是一个至关重要的过程,因为优化供应链可以降低成本并缩短生产周期。公司寻求改善其供应链,以降低成本并保持竞争力。

有效的供应链管理系统可最大限度地减少生产周期中的成本、时间浪费。即时供应链已成为一种行业标准,其中零售销售员可自动向制造商发出补货订单。因此,零售货架几乎可以与产品售出一样快地进行补货。进一步改进此流程的一种方法是分析来自供应链合作伙伴的数据,了解可以在哪里进行进一步改进。

目前,中国是跨境亚马逊平台卖家最大的供应链国家,平台上至少3/4的产品都来自中国。

如果某个产品在亚马逊某个类目能进入TOP10,那么卖家必须要对产品的供应链比较了解,对同行产品的供应链也略知一二,大多数卖家会发现同行的产品属于同一个工厂或同一条供应链。这种情况卖家能很清楚知晓同行的产品品质和出货情况,但很难拉开与同行的差距,因为会涉及产品设计、结构、制作工艺、品控等问题。

一般而言,跨境电商的主要部分包括卖家、电商平台、第三方物流代理、买方。与传统供应链系统不同,在以跨境电商平台为核心的供应链中,较少涉及寻源与采购模块,更多涉及的是货物的仓储、库存管理以及运输。

在基于跨境电商平台的供应链中,国内卖家范围目前主要有三种模式:

第一种是根据订单卖家自行把货物用国际快递寄送到买家指定的配送地址;

第二种是针对部分产业集群较高的城市,对于销量高的商家,电商平台会采用循环取货的形式向这些卖家采购货物,再寄送到国际仓储中心;

第三种是卖家先将一些货物寄送到电商平台上的国际仓储中心,由电商平台进行订单的管理与货物的运输。

当货物清关后,电商平台一般会与当地物流达成合作关系,由当地物流继续提供货物的运输服务;也有少数电商会选择自建物流,先把货物运输到各区域的中心仓库,再把货物运输到各站点,运用网状的物流系统,最后把货物寄送到买家手中。

 ## 7.3 知识产权要素

知识产权制度可防止市场恶性竞争。我们在开发产品时,不仅要了解市场上已经存在的知识产权,而且要对自己的产品设置知识产权的限制。

7.3.1 知识产权类型

知识产权主要有四种类型,包括专利、商标、版权和商业秘密。

专利是授予发明的专有权,是一种设计产品或生产过程,通常提供一种新的做事的方法,或为某个问题提供新的技术解决方案,要获得专利,必须在专利申请中向公众披露有关发明的技术信息。拥有专利后,专利人可以阻止或制止他人对专利发明进行商业利用。换言之,专利保护是指未经拥有专利权的人同意,他人不得对专利发明进行商业制造、使用、分发、进口或销售。

亚马逊平台上很多品牌卖家经常遇到竞争对手营销和销售山寨、假冒或侵权产品。亚马逊卖家可能遇到的主要知识产权问题如下。

侵犯版权:第三方卖家未经授权在其产品列表中使用版权所有者的图像。

商标侵权:第三方卖家未经授权使用商标所有者的名称或品牌(或可能造成混淆的实质相似的名称或品牌)来销售竞争产品。这种情况经常发生在第三方试图销售假冒商品时。

专利侵权:第三方卖家在未经专利所有者许可的情况下复制并列出其成功获得专利产品的版本以供销售。

7.3.2 专利检索

无论是在亚马逊平台还是在其他跨境电商平台,知识产权对新产品开发尤为重要,而且在开发产品之前要认真筛选此类产品的专利情况,避免产生设计陷阱。产品专利产权是针对销售市场的区域,不是仅仅在中国拥有专利就可以全球销售,所以在查询专利时一定要在当地的专利网站或用其他方式查询。

1. 检索流程

检索流程有五个步骤。

(1)首先要非常了解查询的这项技术,并找到所有可以使用它的领域,这可能是最重要的步骤。了解专利后,问问自己:

①这项专利背后的主要思想是什么?

②为什么有必要?

③在该专利之前已经存在什么?它们的缺点是什么?

④它是如何工作的?

⑤还能用在什么地方?

⑥是否有可能以不同的方式解释它?

只有明确以上问题的答案时,才能继续下一步。

(2)找出所有可以使用的同义词和相关技术术语。

(3)按从窄到宽的范围,从有针对性的逻辑、有限的关键字开始,查找可能与主题专利中使用的关键字相同。阅读一些专利,开始创建相关的关键字、短语和一般概念库。

(4)构建技术演进时间表,该技术在过去与今天可能有一个完全不同的名称,试着找出答案,建立一个技术进化时间表,想想20世纪90年代人们会怎样称呼比特币?用技术名称替换比特币。

(5)如果发现一项专利与要做的产品高度相关,请尝试查看其产品相关的文件和包装,检查所有引用和法律文件。这些将有助于了解发明的商业潜力,找到现有技术。

2. 检索策略

在我们开始学习在各种PTO数据库甚至商业数据库上查找专利之前,必须了解一些事项。我们可以采用不同方式进行专利检索,在任何免费或付费的专利数据库上,根据以下内容进行专利检索:①核心关键词;②受让人;③专利分类;④发明人;⑤引文。

核心关键词是查找现有技术最直接、简单但最棘手的搜索策略。输入虽然简单,但选择正确的关键字是棘手的部分。

假设您发明了智能手机,并且正在使用关键字"蜂窝电话""手机"或"智能手机"搜索专利文件,那么您将错过描述智能手机的专利文件,例如"手持设备""便携式通信设备""便携式通信终端"或"无线通信设备"。

一些专利文件很有可能没有使用"智能手机"这样的关键词。这些条款可能是在相关专利申请提交后才成立的。在许多发明中,发明者不知道他实际上在发明什么,或者说他不知道他的发明将来可以用来干什么。

两位新泽西工程师于 1957 年发明了气泡垫塑料包装,在 1959 年获得了专利。他们当时想把它作为壁纸出售,后来把它作为温室绝缘材料推向市场,最后他们的想法没有成为现实,他们把它作为计算机的包装材料卖给了 IBM。

要确保关键字符在专利库中查询到相关文档就必须大胆思考,为一项发明寻找现有技术时,请根据以下条件将其分解为不同的部分:①认真思考产品发明的目的是什么?比方说智能手机,它可以用于无线通信;②将功能发明分解为不同的应用场景,这里重点放在功能上,在相关应用领域除基本功能之外,还可以在其他地方使用智能手机的功能,例如现在的智能手机也是一种娱乐设备;③完成这项发明需要什么?这部分可能每次都需要,也可能不需要。

完成上述步骤后,请使用在线词库或技术词典来查找现有技术的概念的同义词,在本次练习结束后,列出所需要搜索的关键字存储库。

列出关键字存储库后,下一步涉及使用布尔运算①符,然后继续创建搜索字符串。布尔运算符在专利检索中起着至关重要的作用。使用它们的方式决定了专利搜索的方向,因此了解它们很重要。

以下是不同专利数据库中使用的一些运算符的列表(尽管每个数据库都有自己的格式)。

"AND"用于查询搜索结果中存在的每个单词。

"OR"运算符用于搜索一组单词,其中至少一个查询单词出现在搜索结果中。

"*"运算符用于搜索词根的不同形式,例如,abut * 包括所有以"abut"开头的不同单词,例如 abutment、abutting、abutted 等。

"+"运算符有助于搜索停用词。

"-"运算符从短语中删除某个单词并仅搜索剩余的单词。例如,如果将查询框定

---

① 布尔运算是数字符号化的逻辑推演法,包括联合、相交、相减。在图形处理操作中应用这种逻辑运算方法以使简单的基本图形组合产生新的形体,并由二维布尔运算发展到三维图形的布尔运算。

为"(engine)-diesel",则查询的结果将包括整个文档中没有"diesel"一词的专利。

"NEAR"运算符是一个邻近运算符,如果它们包含彼此靠近的表达式,则可以提高文档的分数。NEAR、NEARx、NEAR/x 或 /xw 表示匹配最多 x 个单词,以任意顺序。

"WITH"运算符也是邻近运算符,其用法与"NEAR"运算符相同,并以任意顺序在接下来的 20 个单词内搜索。

"SAME"运算符也是邻近运算符,它以任意顺序在接下来的 200 个单词内进行搜索。

"AJD"、AJDx、ADJ/x、xw 这些也是邻近运算符,与 NEAR 相同,但匹配顺序必须相同。

专利分类检索是寻找相关现有技术的另一种方式。这里要做的是找到在上述步骤中创建的关键字所属的专利分类。专利分类是一种分层系统,根据专利所属的技术领域对专利进行分类,这样更容易管理和检索属于同一技术组或分组的专利。专利存在多种分类,如美国专利分类(USPC)、国际专利分类(IPC)、欧洲专利分类(ECLA)和合作专利分类(CPC)。

IPC 和 CPC 在某方面几乎是相似的。它们的唯一区别在于,IPC 仅具有表面的层次结构(可能 2 级或 3 级),而 CPC 则更深,高达 5 级。根据经验,几乎所有 IPC 都包含在 CPC 中。

在进行基于类别的搜索时,应找到相关的 IPC、CPC 类别,因为每个专利局现在都根据 IPC、CPC 对专利进行分类。找到现有技术的 IPC 类别有两种方法:一种方法是访问此链接:https://ipcpub.wipo.int/,并在搜索框中输入关键词名称进行查看;另一种方法是在 https://patents.google.com/的搜索框中输入相关关键字,将看到匹配的专利。从标题中快速评估并打开一个相关的标题,根据专利审查员找到相关的分类,重复该过程找到现有技术的所有相关分类。谷歌专利搜索见图 7-6。这是一个非常好的搜索界面,可查看它们的完整层次结构或通过关键字搜索。

受让人和发明人这两种搜索功能几乎相同。受让人是专利被转让给的个人或公司,在独立发明人的情况下,受让人和发明人是相同的。在专利数据库的相关字段中输入受让人或发明人的姓名,就可以搜索出该发明人或受让人的所有专利列表。

基于引文的搜索:引文是申请人或专利审查员在专利申请阶段引用的参考文献。

图 7-6 谷歌专利搜索

专利中有两种引用：后向引用和前向引用。前向引用是引用专利申请的引用，后向引用是专利申请引用的引用。此方式有助于定位相关专利，如果所有引用或引用的专利至少与主题专利有一些相似之处，其中任何一项中就有可能获得机会。

3. 专利检索数据库

目前跨境的专利检索以美国专利商标局专利检索为主，如需美国专利检索，请访问 https：//www.uspto.gov/patents/search，见图 7-7。

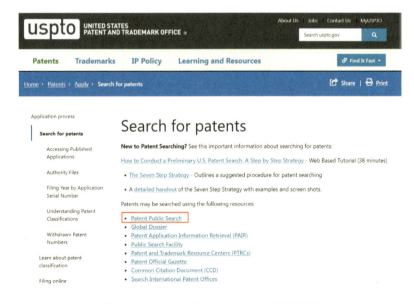

图 7-7 uspto.gov/patents/search 专利页面

在 Patent Public Search 栏可以进入基本搜索和高级搜索,见图 7-8。

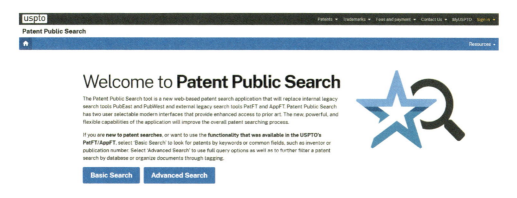

图 7-8　Patent Public Search 栏

在检索美国专利关键词时,如何使用 ustpo 的快速检索功能进行免费的美国专利检索?基本搜索界面允许您使用以下参数进行搜索:申请人姓名、受让人姓名、律师代理人/公司、律师姓名、专利/申请公开号、发明人姓名、公开日期范围、关键字。高级搜索界面允许使用查询框进行更复杂的搜索、自定义您工作区以及选择要搜索的特定数据库。用户还可以进行特定领域的查询或使用邻近运算符进行全义搜索。

单击 Basic search 列下的快速搜索链接,见图 7-9。

图 7-9　Basic search 列下的快速搜索链接

用户可以使用这些字段来优化您搜索,在两行中间的下拉菜单从三者中选择一个布尔运算符。例如,在图 7-10 中,在所有字段中搜索以某种特性开始的榨汁机的所有内容。

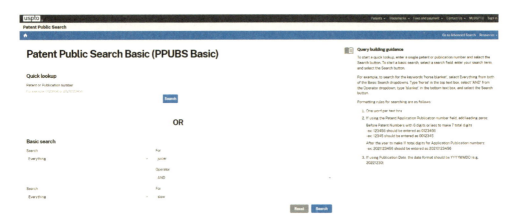

图 7-10　uspto.gov/patents/search 关键词专利搜索

运行专利搜索，在快速搜索部分，如图 7-11 所示，进行了基于发明人的搜索。我在 Applicant name 下输入了"Hoare Richard"进行搜索得到了 17 个结果。需要注意的一件重要事情是，搜索输入字段只允许在每个字段中使用一个单词或数字，并且最多可以使用两个关键字。因此，对于使用两个不同关键字的搜索，有必要为每个关键字使用不同的输入字段并选择布尔运算符（AND、OR 或 NOT）。当专利或公开号已知时，Basic 界面最适用于获取已授权专利和已公布专利申请的 PDF 副本。权衡是它的功能对于主题搜索来说相当有限，并且"全文"对于返回的结果不可用。如果要进行基于类别的搜索，可以在术语中输入 IPC 或 CPC 类别，并可以在使用布尔运算符细化搜索时从字段的下拉菜单中选择 IPC 或 CPC。如图 7-12 所示，我在其中搜索了 A47J43／046 和 B01F35／2209 下的所有专利。

如何使用其他字段来优化搜索，建议浏览字段搜索帮助页面。如何使用 USPTO 的高级检索进行美国专利检索？单击 Advanced Search 下快速搜索下方的高级专利搜索，如图 7-13 所示。高级搜索界面允许同时查询最多三个不同的数据库。

（1）US－PGPUB：包含 2001 年 3 月以后美国授权前专利申请出版物。

（2）USPAT：包含从 1970 年起授予的美国专利全文，并允许从 1790 年起进行分类和专利号检索。

（3）USOCR：包含可文本搜索的光学字符识别[OCR]扫描的 1970 年前的美国专利。

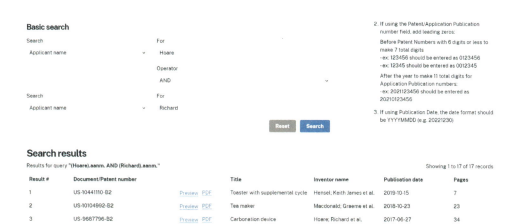

图 7-11　uspto.gov/patents/search 发明人专利搜索

图 7-12　uspto.gov/patents/search 专利类别搜索

使用"高级"界面按编号获取特定专利或已发布的申请流程相对复杂,要使用".pn"。(对于专利号)需要注意的是代码最后需要句号。如果需要快捷的方式,当知道专利号时,我们可以在网页界面手动直接输入。

URL https://ppubs.uspto.gov/pubwebapp/external.html?q=(00000000).pn.

将"00000000"替换为所需检索的专利号,以便通过"外部搜索"直接找到它。如果专利号为 6 位或更少的数字(例如,"0654321"),则使用前导零填充 7 位数字的条目。

4. 产权组织专利检索

专利局超过亿份的专利文件是巨大的数据库。除此之外,Patentscope 可以使用 9

图 7-13　uspto.gov/patents/search 高级专利搜索

种不同的语言(可以从右上角更改界面的语言),可以通过 https://patentscope2.wipo.int/search/en/search.jsf 链接搜索(图 7-14)。

图 7-14　Patentscope 专利搜索页面

产权组织专利检索简单,首先讨论 Patentscope 的简单搜索。它类似于美国专利商标局的快速搜索,在搜索框中输入关键字,选择要在其中搜索的关键字字段,然后获取信息。

若要搜索史蒂夫·乔布斯的所有专利,选择 Name 字段并在列中插入 Steve Jobs,结果见图 7-15。

使用名称字段搜索发明人、受让人、申请人等也可以。如果从下拉菜单中选择首页,则关键字将在检索内容搜索,也可以通过字段的其他选项进行搜索。

第 7 章　产品如何建立市场优势

图 7-15　Patentscope 发明人专利搜索

5. WIPO 专利高级检索

再来看看 WIPO 的高级搜索,它类似于 USPTO 的高级搜索,但功能更强大。与 USPTO 不同,在 WIPO 的高级检索中,可以使用邻近运算符以及词干功能。词干将关键字视为词根并搜索引申的其他术语,例如,输入榨汁,它将搜索"榨汁机"等。

如果搜索确切的短语、关键字、句子,请取消勾选词干框。

在 WIPO 的高级检索中,要定义检索专利的哪个部分,必须使用字段代码。例如,查找 Sebastian Tim 提交的有榨汁机器或榨汁杯出现的所有专利,使用的关键字符串是:IN:(Tim) AND DP:[2009 TO 2017] AND EN_AB:(juicer machine or juicercup)。

这里 IN 是发明人的字段代码,DP 是出版日期,EN_AB 是英文摘要。您可从链接 https://patentscope.wipo.int 中获取所有域代码的列表:WIPO 高级检索域代码。

上述字符串得到的结果见图 7-16。

在高级搜索之后,可以探索下一个功能——字段组合。在此功能下,可以获得一些预设字段来进行专利检索。如果了解 WIPO 的高级搜索功能,这些搜索的方式可以带来极大便利。跨语言扩展是专利查询的一项强大的功能,它提供了不同语言的关键字的各种变体(图 7-17)。可以使用这些变体来搜索其他语言的相关专利文档。

6. 欧洲专利检索

与 USPTO 和 WIPO 一样,欧洲专利数据库(Espacenet)提供免费的专利检索服务,其数据库中有全球 9500 万份专利文件。此外,2013 年,一项独立研究将 Espacenet

图 7-16　WIPO 高级检索专利

图 7-17　WIPO 语言设置检索专利

与 Depatis Net、Free patents online、Google Patent 和 USPTO 进行了比较。该研究使欧洲专利数据库在客户支持和专利数据覆盖方面得分最高。

　　Espacenet 的专利数据库每天都在更新，并提供全球档案和共用专利引文（CCD）工具等特殊功能。申请人多次在多个专利局提交一份申请，全球专利档案（Global Dossier）允许在一个地方访问相应专利局的文件资料。同样，共用专利引文在一个地方提供来自五个专利局的专利申请引用数据。

　　因此，如果在国家专利局网站上进行免费搜索并且忽略欧洲专利数据库，结果无疑不够全面。在欧洲专利数据库进行专利检索并不困难，因为我们现在已经知道如何在 USPTO 数据库、谷歌专利和 WIPO 上进行专利检索。

要在欧洲专利数据库上搜索，请在浏览器的地址栏上输入 https：//worldwide.espacenet.com/，我们将看到图 7-18 所示屏幕，找到高级搜索选项可供选择，这些选项类似于 WIPO 和 USPTO 的搜索选项。

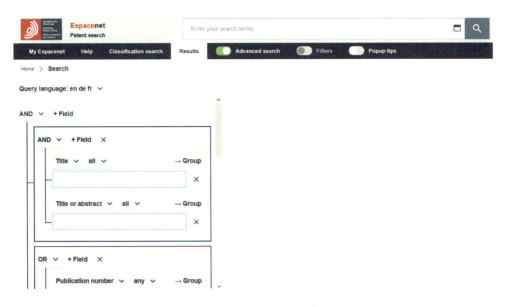

图 7-18　欧洲专利数据库检索专利页面

7. 外观设计专利检索

从世界知识产权组织（WIPO）的全球外观设计专利数据库搜索外观设计专利，该数据库有 1730000 件工业品外观设计。

链接为 https：//www3.wipo.int/designdb/en/index.jsp。

WIPO 提供了五种不同的方式来检索外观设计专利。在图 7-19 中点击"Design"，

图 7-19　WIPO 外观设计专利检索页面

会出现三个不同的字段及下拉图标。该图标打开一个小列表(以方框标记)。第一个字段 Indication of product 允许输入关键字、产品名称等来搜索外观设计专利。外观设计专利分为不同的类别。洛迦诺分类被认为是工业设计国际分类外观设计专利的 CPC。用户可以从此处访问洛迦诺分类,下拉图标可更改分类。

此外,用户无须访问上面提供的分类链接来检查设计专利可能属于哪个类别。字段旁边有一个图标(圆圈处),单击后,用户将看到如图 7-20 所示的屏幕。输入要搜索的外观设计专利的描述,然后单击搜索图标。将在框下方打开一个表格,从中选择代码。单击图 7-21 中的突出显示区域,将该类添加到搜索字段中。

图 7-20　WIPO 外观专利检索页面

图 7-21　WIPO 外观设计专利检索页面选项卡

描述字段允许用户在外观设计专利的描述中搜索关键字、短语。单击名称选项卡,如图 7-21 所示。在 Holder(持有人)中可以输入受让人的名字,设计者(或专利的发明人)的名字可以填在 Creator 栏,Representative(代表人)是搜索参与的律师事务所或者律师的名字,见图 7-21 此选项可帮助缩小搜索范围。

选项卡 Numbers 可帮助用户通过编号搜索外观设计专利或外观设计专利申请。Dates 选项卡用于选择日期范围,Country 用于选择特定国家的持有人来集中搜索。

用户针对需要开发的产品,通过上述的专利查询可以排除专利侵权的风险,也可以知晓有关产品行业的相关专利。

专利承认并奖励发明人获得商业成功。这样可激励发明者进行发明。发明家或企业通过专利制度就知道他们会从开发技术投入的时间、精力和金钱中获得的回报。对于跨境电商的卖家来说,专利的主要好处是有权阻止竞争对手销售相同的产品,从而使企业成为产品的唯一供应商。根据供求规律,降低供应量可以提高价格。如果销售强劲,那么专利绝对值得。

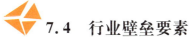

7.4　行业壁垒要素

经营者跨行业开拓不擅长的业务时会遇到各种新的问题和困难,这种对新入局的经营者产生的各种阻碍就是行业壁垒。对于跨境电商选品,壁垒是由产品技术、供应链优劣势、资金实力、市场竞争、行业发展状况、人员团队、特殊税收优惠、专利保护、品牌识别、客户忠诚度和高客户转换成本等综合因素决定的,包括新公司在运营前需要获得许可证或监管许可。跨境选品的行业壁垒是阻止或限制新卖家进入的障碍,是保护市场、排除竞争的有效手段和重要方法。行业壁垒越坚固,市场障碍越多,新卖家越难以加入,市场垄断程度越高,竞争相对缓和;行业壁垒越薄弱,市场障碍越少,新卖家越易于加入,市场垄断程度越低,竞争相对激烈。

跨境电商市场的壁垒主要有以下几种要素。

第一是产品的规模成本。随着产品基数投入及数量增加,产品体量增大,单位产品成本下降。这迫使新卖家大规模进入,使现有企业存在强烈的风险,如小规模进入,会迫使新卖家产品成本处于劣势。

第二是品牌识别度和客户忠诚度。老卖家通过多年的经营已拥有了品牌识别度和客户忠诚度,对新卖家来说,需要花费巨资来影响品牌识别和获取客户新的忠诚度。

新卖家可能会将不同的产品推向市场,而且必须清楚地传达给目标客户,找到定位,这往往需要强大的营销资源。

第三是资本需求。对于产品本身的设计、研发和营销推广所需的资金支持,特别是科技含量较高的行业,限制新卖家入场的壁垒会更高,某些新卖家也可以融资或与投资公司合作来实现资金的需求。

第四是供应商的转移成本。如果有新的卖家入场,那么现有供应商的产品转给新入场的卖家就面临一次性的各种成本,比方说员工再培训、新设备、技术支持等。

第五是分销渠道。某些卖家除了在线上平台销售,还有很多分销渠道。如果这些分销渠道已被老卖家垄断,也将成为阻碍新卖家进入的壁垒。

第六是产品专利。对于跨境电商而言,产品专利是阻碍众多卖家进入新品类的最大壁垒。这分为两种情况:一种是卖家发现产品难以突破专利的门槛从而放弃品类,另一种是卖家开发产品后不知道已经侵权,导致店铺关闭或产品和资金扣押等。

首先,跨境卖家要选择有较高壁垒的行业产品,简单说就是需要有较高、较综合的资源和技能的产品。比如人工智能和软件工程交互的领域,这不是人人都可以从事的行业,由于可从事该行业的人员有限,业内人士的薪酬自然比其他行业要高很多。如果是人人都可以从事的简单工作或劳动,比如清洁工、洗碗工、服务员、保安等,从业人员之间的竞争非常激烈,薪水在市场上非常透明,而且普遍不高。同理,如果卖家开发的是一个很容易制作的塑胶产品或几乎没有什么科技含量的产品,比方说塑料吸管,就很容易被复制。如果这个产品的销量起来,竞争会迅速变得激烈,到最后只能拼价格。如果卖家开发的是有专利又有科技含量的产品,比方说扫地机器人,门槛越高,竞争对手就越少,产品的溢价能力就越高(图7-22)。

其次,选择品类时最好还要有较低的退出壁垒,也就是说具备该行业产品技能的人员,如果今后不再从事该产品的开发工作,要转行非常容易,适应力很强,而且这种转行不会给原公司带来物质上和精神上的损失。这点对于从事该行业或产品开发的坚守者和转行者都很重要。比如,同声翻译人员和跨国新闻记者,如果某天他们转行,那么他们具备的技能也可以让他们相对轻松地找到一份不错的工作,如在跨国公司从事公关、销售、管理等工作。

具备这些特点的行业由于壁垒高,从业人员的竞争很小,可以获得高薪。如果他们不愿意再从事该行业,也能够顺利转行,而且不会影响到该行业的从业人员。综合

第7章 产品如何建立市场优势

图 7-22 竞争壁垒低的塑料吸管和竞争壁垒高的扫地机器人

考虑资源优势等后,又根据该职业的要求进行自我培养,未来发展都不会太差,抗风险能力也会很强。

 ## 7.5 营销框架要素

营销框架的要素,其实偏向运营,这不是简单的选品,而是结合 KOL 的人群定位做选品。有些老卖家因为已经有了部分营销资源渠道,之前和很多 KOL 建立起了深厚的合作关系,针对这些 KOL 的特征选品,产品就很容易推广。在这里我们重点了解 KOL 和亚马逊影响者计划,这两者都可以提高销量。KOL 可以帮助卖家吸引消费者对新产品的关注力或提高品牌知名度,82%的消费者表示他们会听从有影响力的人的建议,因此 KOL 会对利润产生巨大影响。

作为亚马逊合作伙伴计划的延伸,亚马逊影响者计划激励影响者分享与产品相关的内容,从而激发客户购买产品,这些产品大多出现在直播中,重要的是有强大的客户参与度。该功能于 2017 年推出,它将比以往任何时候都更能满足影响者的需求,亚马逊为影响者和品牌方提供了多种赚取佣金的方式。在亚马逊影响者计划中,每一次经过亚马逊影响者推广的购买行为,影响者都通过附属链接获得佣金提成。

申请亚马逊影响者需要在 YouTube、Instagram 或 Facebook 上有一个账户。根据各种参与度指标以及关注者的数量,亚马逊会批准创作者成为亚马逊联盟计划中的影响者。影响者可以建立自己的店面并通过个人 URL 赚钱。如果另外向亚马逊的老客户展示店面,那么追随者的数量和收入就会增加。如果一个品牌正在考虑与亚马逊网红合作,首选就是亚马逊影响者,当然不管是影响者还是 KOL,不要盲目相信创作者的影响力,而要找一个内容、风格和价值观适合品牌的人。卖家需要研究潜在的影响者,并确定他们的内容和目标是否真正与品牌理念和所追求的目标一致。

影响者常在 Instagram、YouTube 或 TikTok 等社交媒体渠道上活跃,而 KOL 通常会创建较长格式的媒体文件,以提供洞察力和分析而不是娱乐。虽然影响者的主要收入来源是社交媒体内容,但许多 KOL 都有全职工作,如作家、顾问、企业家等。企业可以利用 KOL 影响客户,从而增加销售额。

如果卖家积累了大量的 KOL 营销资源,那么他的产品或品牌自然就比其他产品更具有优势。这种方式对开发新品也有帮助。如果有新品发布,可以先小批量生产,如 100~200 个,分别分发给 KOL 或影响者,让他们评估此产品(图 7-23)。如果他们有足够的信心可以推广或分享,那么这个产品在没有推出市场前基本上可以确认能获得市场上一部分人的认可,产品成功的可能性更大。

图 7-23 营销 KOL 和影响者

第 8 章

选品的六大其他灵感来源

8.1 榜单选品法

除选品软件的数据分析以外,选品最直接的方式就是亚马逊榜单选品法。亚马逊主要有5个榜单:Best Sellers(热卖榜)、New Releases(新品榜)、Movers & Shakers(飙升榜)、Most Wish For(愿望榜)、Gift Ideas(礼物榜)。

8.1.1 Best Sellers(热卖榜)

亚马逊官方没有透露热卖榜排名如何计算,但有明显的因素决定销售排名,主要是销售量、竞争产品、当前和历史销售额、产品价格变动、转化及促销。在这些因素中,对销售排名影响最大的是产品当前的销量,如果产品促销并且显示在亚马逊首页,产品将获得更多的销量,并且产品排名会飙升。从销量可以判断目前市场上哪些产品是热销款,或者哪些是消费者使用最多的产品(图8-1)。

图8-1 亚马逊热卖榜

8.1.2 New Releases(新品榜)

新品榜可以反映当下市场的全新产品销售情况如何,该榜针对刚上线不久的产品。如果产品销量和转化表现良好或快速上升,亚马逊就会推荐该产品的链接,从而进行新品排名(图8-2)。它向消费者传递的信息是此款产品将会受欢迎。卖家通过该榜可以发现趋势。

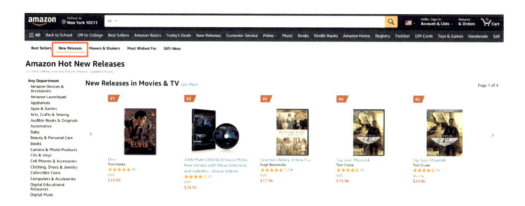

图 8-2　亚马逊新品榜

8.1.3　Movers & Shakers（飙升榜）

在飙升榜（图 8-3）里，每件商品旁边都有一个绿色箭头。它表明该产品处于上升趋势，绿色箭头右侧的数据代表上涨的速度，这非常有用。为了及时了解利基市场的最新动态，卖家可以专注这个品类下的飙升榜，它显示过去 24 小时内，任何排名发生剧烈变化的产品。卖家在这个榜单里不一定会看到那些在销售排名中逐渐攀升的商品，但该工具对于在卖家的利基市场中发现最新流行和趋势产品非常有用。

图 8-3　亚马逊飙升榜

8.1.4 Most Wish For(愿望榜)

亚马逊为买家提供一个创建"愿望清单"的功能,里面是买家有意愿购买的产品(图 8-4)。在节日前几周,亚马逊可以将这些愿望列表通过电子邮件发送给买家的朋友和家人。

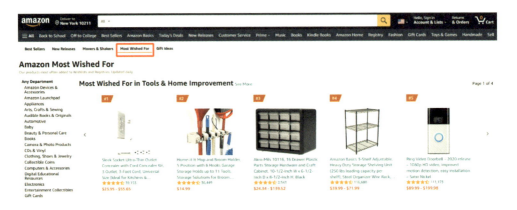

图 8-4 亚马逊愿望榜

亚马逊会记录网站上消费者想要的产品,供卖家以列表形式查看。一件物品出现在愿望榜单上的原因有很多,也许现在的价格对买家来说有点贵了,也许现在不需要它,但将来会需要它,但这些信息对卖家来说非常有价值,因为卖家可能能够以较低的价格提供类似的产品,或者在产品开发中获得更好的产品方案。

8.1.5 Gift Ideas(礼物榜)

亚马逊会记录所有作为礼物购买的物品,并将这些信息过滤到一个新列表中,然后卖家可以使用该列表来研究产品开发。在节日的时候,卖家可以看到买家为亲人或朋友购买的产品类型,这一点值得关注。这个榜单是一个很好的参考,卖家可了解将不同产品包装放在一起的想法。如果卖家销售健康和美容产品,并且看到库存的特定化妆品套装经常被赠送,那么就可以考虑将两者捆绑在一起制作特定的礼品套装(图 8-5)。

以上五个榜单对亚马逊卖家来说并不陌生,但应对它们做详细分析,大多数卖家可能缺乏时间和耐心进行深度分析,其实这五个榜单胜过任何选品软件,特别是做垂直类目的卖家选品,熟悉五大榜单是亚马逊选品制胜的法宝。

图 8-5　亚马逊礼物榜

 8.2　节假日选品法

如果卖家专注做短期的旺季产品,选择节假日作为节点也是灵感的来源之一。我们先来梳理跨境电商的最大市场——北美的节假日列表。

1月1日:元旦

元旦几乎是全世界国家的新年。元旦时,几乎所有的人都会准备礼物。

适合的品类:相框、餐桌布、装饰用品、咖啡机、版画、小雕像、玩具、美妆等家居用品。

1月20日:马丁·路德·金纪念日

马丁·路德·金生于1929年1月15日,是美国黑人民权运动领袖。1983年,时任美国总统的里根签署法令,规定自1986年起,每年1月的第3个星期一为马丁·路德·金纪念日。

适合的品类:衣服、箱包、美妆、健康玩具、游戏电子产品、户外旗帜。

1月19日—2月22日:开工季

适合的品类:PC及周边配件、办公及茶水间用品、清洁用品、医疗护理耗材、商用餐厨设备、安防劳保产品。

农历新年

农历新年即春节,美国华人日益增多,也有庆贺新春的习俗。据不完全统计,已有近20个国家和地区把中国春节定为国家或者部分城市的法定节假日。

适合的品类:中国或者亚洲传统服装、红色包装盒和塑料盒、传统装饰品。

2月14日:情人节

情人节是受消费者欢迎的礼物赠送节日。根据Statista的数据,这是美国第六大消费者支出日。美妆产品是情人节最受欢迎的礼物品类之一,因此,美妆品牌有机会在情人节之前吸引消费者。

适合的品类:巧克力礼盒、香水、珠宝、玩偶、定制礼品、永生花、音乐盒、月球灯、钢笔、真丝眼罩、保温杯、养生壶、爱心铸铁锅等。

2月26日:狂欢节

狂欢节盛行于欧美地区,活动有化装舞会、彩车游行、假面具舞会和宴会。

适合的品类:衣服、杂货、美食、脸部彩绘用品、假花、面具等。

3月8日:妇女节

妇女节起源于美国,主要是为了庆祝妇女在经济、政治和社会等领域做出的重要贡献和取得的巨大成就。

适合的品类:服装、鞋类、珠宝、化妆品、鲜花、珠宝首饰、包袋、书籍、其他女性用品。

3月17日:圣帕特里克节

圣帕特里克节在每年的3月17日,又叫爱尔兰节,是为了纪念爱尔兰守护神圣帕特里克而设立的节日。由于该节日的主色调是绿色,在游行庆祝的时候大家喜欢戴上绿色的帽子,所以又叫绿帽子节。美国的圣帕特里克节始于1737年3月17日。

适合的品类:绿色的桌布、窗帘、抱枕、地垫、服装饰品、绿衣服、绿帽子、活动和聚会用品、三叶草等。

复活节

复活节是为了纪念基督教纪念耶稣被钉十字架受死后第三日复活的节日。时间是每年春分月圆之后的第一个星期日。

适合的品类:厨房用品、传统彩蛋及玩具、夏季服饰、杂货和美食、服装服饰、活动和聚会用品。

母亲节

美国历史上第一个美国母亲节是1908年由个人庆祝的。当时一位名叫安娜·贾维斯的和平活动家为已故的母亲举行了纪念活动。到了1914年,美国总统威尔逊宣布美国母亲节定在五月份的第二个礼拜天,母亲节正式成为美国全国性的节日。这一天,赠送康乃馨是美国人向母亲表达心意的传统方式,此外,赠送贺卡、糖果等礼物,邀请母亲外出就餐也是母亲节的传统庆祝方式。

适合的品类:美容护肤、贺卡、香氛、服饰及鞋靴、珠宝、家居、洗浴用品、厨艺用品。

阵亡将士纪念日

每年5月的最后1个星期一是阵亡将士纪念日,是美国传统节日和联邦政府规定的11个法定假日之一,纪念在历次战争中牺牲的美国士兵。

适合的品类:园艺、户外用品、杂货、美食、活动和聚会用品。

父亲节

1972年父亲节成为美国法定假日,时任总统理查德·尼克松签署立法,指定六月的第三个星期日为父亲节。

适合的品类:传统及西式服装、皮带、男士香氛、T恤、卡片、杯具、靠枕、电子产品、男士服装、运动和户外用品、汽车用品。

5月底—6月中旬:3个月的暑假

适合的品类:防晒用品,太阳镜,泳衣,浴巾等海滩及游泳用品;充气游泳池、蹦床、烤架工具等户外运动商品;帐篷、睡袋、便携式炉具、登山靴等露营用品。

7月1日—9月30日:返校季

返校季是一个仅次于感恩节、圣诞节和新年的购物旺季。NRF的统计显示,高校返校季家庭平均支出达1059美元,足见其市场需求。

适合的品类:电子产品、杂货、美食、计算机、办公用品、儿童服饰。

7月4日:美国独立日

美国独立日是为了纪念1776年通过《独立宣言》,被视为美国最重要的节日,如今已经逐渐演变成一个融合购物、游行、户外的促销节日。在这天,美国人民会举行大型烧烤活动、棒球比赛、放烟火,甚至会将房屋用红、白、蓝三色装饰。

适合的品类:园艺和户外用品、杂货和美食、活动和聚会用品。

劳动节

每年9月的第一个星期一是美国劳动节。这一天,人们会进行烧烤聚会等活动,烧烤架通常会出现在销售热榜。该节日作为夏季结束的标志日,如果商家能借此契机推出夏日清仓活动,便能刺激销售、减少库存。

适合的品类:园艺用品、户外杂货、美食活动用品、聚会用品。

10月31日:万圣节

每当万圣节到来,孩子们都会迫不及待地穿上五颜六色的服装,戴上千奇百怪的面具,提着一盏"杰克灯"走家串户,向大人们索要节日的礼物。根据美国全国零售联合会年度调查,消费者在万圣节相关商品上的支出高达101.4亿美元。

适合的品类:节日特色家居装饰品、特色服装。

11月26日:感恩节

感恩节,原本是为了感谢上天赐予的好收成。加拿大的感恩节起始于1879年,在每年10月第二个星期一,与美国的哥伦布日相同。在美国,自1941年起,感恩节是在每年11月的第四个星期四,并从这一天起休假两天。这一天,无论人们多忙,都要和家人团聚。

适合的品类:杂货、美食、婴儿服装、厨具和餐具、活动和聚会用品。

12月24日—12月25日:圣诞节

圣诞节即圣人诞生的节日,是基督教为了纪念耶稣诞生的重要节日。美国人在圣诞节最流行互赠礼品。圣诞节时,孩子们为收到各种新奇玩具而兴高采烈,以为这是圣诞老人送给他们的礼物。大人们之间常送些书籍、文具、巧克力糖或盆景等。实际到了年底所有的品类几乎有翻倍的增长,加上黑色星期五等大促,圣诞前夕是购物的旺季。

适合的品类:画册、书、红酒、巧克力、工艺品、油画、鲜花、贺卡等所有品类。

这里列出北美主要跨境电商区域的国家。关于其他国家的节假日,卖家可以在网络上查询,针对当地市场的节假日热销的产品进行选品。

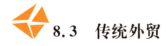

8.3 传统外贸

传统外贸是B2C的模式,不主要依靠互联网进行对外贸易,一般为国内企业厂家与海外经销商直接对接。跨境电商模式主要依靠互联网平台达成交易,是一种新型外贸模式,主要分为 B2B 和 B2C 两大类型。我们这里所说的传统外贸是指 B2B 的外贸模式。

2021 年,中国出口商品约 3.3635 万亿美元(图 8-6)。上一年相比,出口值增长了近 30%,中国的出口量在过去十年一直稳步增长,除了 2009 年金融危机和全球经济下滑导致全球贸易增速放缓,以及 2016 年全球需求再次下降,中国不仅是人口最多的国家,还是世界第一大制造业经济体和第一大出口国。美国和欧盟是中国 2021 年的主要出口伙伴。

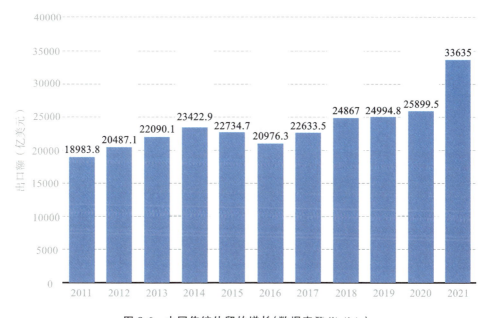

图 8-6　中国传统外贸的增长(数据来源 Statista)

通过传统外贸的角度切入,卖家可以知晓区域市场哪些产品需求大,受欢迎,从供应链上判断选品的需求,因为 B 端市场上的产品最终都会流入 C 端市场,所以有传统外贸经验的卖家更容易在跨境电商中取胜,而且对供应链的把握更好。

8.4　社交媒体

2022 年,据调查,北美有将近一半的消费者会使用社交媒体渠道进行产品研究。随着年轻一代与社交媒体的联系越来越紧密,在这些平台上进行产品研究的人群可能会增加。事实上,16—24 岁的人在社交媒体上进行的产品研究已经比在搜索引擎上多。在过去的几年里,社交媒体渠道已经逐步成为消费者研究产品的新方式。随着社交媒体用户数量逐年增加,在社交网络上进行营销是宣传品牌的最佳方式之一。很多卖家会制定有效的社交媒体营销策略,他们会选择消费者最活跃的地方,换句话说,就是在美国最受欢迎的社交媒体平台曝光产品,这样买家就会在这些平台上看到很多产品的信息。

根据 Data Reportal 数据显示,2022 年 Facebook 处于领先地位。它在美国顶级社交媒体平台列表中稳居首位,近四分之三的成年人使用它。目前,该平台是顶级社交媒体营销平台,多达 23.6% 的公司使用它来推广业务。

美国第二受欢迎的社交媒体网络是 Facebook Messenger,61.1% 的美国成年人使用它。

在美国顶级社交媒体平台名单中排名第三的是 Instagram,五分之三的美国成年人使用它。卖家在对平台上的营销产品进行研究之前,Instagram 的平均参与率可以帮助卖家更多地了解哪些产品受欢迎程度高。

TikTok 是美国第四大最受欢迎的社交媒体平台。有 42.4% 的成年人使用该社交网络。卖家了解各社交媒体用户人口统计数据可以有助于更好地在各平台定位获取的信息。例如,对 TikTok 用户年龄人口统计的研究表明,大多数是年轻人,那么其中有品牌或产品推广的内容受欢迎程度高低会可分析的前提。

美国最受欢迎的第五大社交媒体是 Twitter,使用人数占 41.8%。在将 Twitter 用于业务时,请务必牢记关键的 Twitter 统计数据,例如其性别和年龄人口统计数据。

图 8-7 是美国顶级社交媒体平台以及使用者的成年人比例。

由此可知,这些社交媒体上有很多的专业频道,会展示市场最新的科技和新品动态,特别是某些极具影响力的 KOL 社媒账号,它会定期更新内容,包括各品牌的推广,各款新产品的评测,其内容的流量和反馈互动可以反映该产品发展的趋势未来。

卖家通过专业领域中的 KOL 社交媒体账号内容更新会获得两个方面的信息。一是能客观了解用户对产品的反馈和评价,比方说开箱视频,视频的创造者会详细介绍该产品的使用方法和操作感受等,甚至对比同类目产品中的不同特点和优劣势,全方位分析产品属性和使用场景等。比方说 YouTube 上的 FUTURESP ACECOLLECTIVE 频道,这个频道的粉丝虽然不多,但是博主专门针对创新技术、时尚照明和未来主义装饰做的各种产品评测,他曾详细解说了三款星空投影仪的特点和使用情况。通过视频内

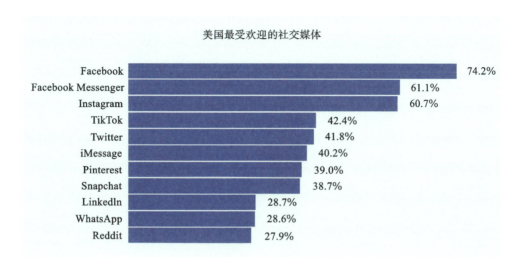

图 8-7　美国最受欢迎的社交媒体用户比例

容卖家可从消费市场真正捕捉到这些产品给用户带来的价值体现(图 8-8)。卖家认为的优势可能并不是用户认为的,卖家忽略的可能是用户所关注的。

图 8-8　FUTURESP ACECOLLECTIVE 频道产品分析展示

　　二是卖家能了解到该品类中最新的科技产品,及时发现前沿动态。新技术必定会给很多行业带来巨大的变化,比方说蓝牙技术,蓝牙技术最初由爱立信研发,诞生于

1994年，蓝牙用于不同设备之间的无线连接，例如连接计算机和外围设备（打印机、键盘等），或让个人数码助理（PDA）与其他附近的 PDA 或计算机进行通信。具备蓝牙技术的手机可以连接计算机、PDA 甚至免持听筒。蓝牙耳机也给耳机行业带来了巨大变化，从以前的有线耳机变成了无线耳机。2014 年，一些音频公司率先推出真正的无线耳塞。德国初创公司 Bragi 在 2014 年 2 月就开始在 Kickstarter 上为 Dash 发起众筹活动，在短短 45 天内从近 16000 名支持者那里筹集了超过 330 万美元。同时大量的博主开始介绍和推荐此款产品，比方说 YouTube 频道 The Verge，粉丝超过了 300 万，这是一个研究技术将如何改变未来生活的频道，内容包括产品评论、技术新闻等。该频道的博主在 2016 年 1 月就详细制作了关于无线蓝牙耳机的视频，通过视频内容观众就可以了解此款产品（图 8-9）。无线耳机比有线耳机更有优势，无线耳机代替有线耳机是大势所趋。

图 8-9　The Verge 频道无线蓝牙耳机分析展示

同样，卖家可筛选关注类目的博主频道，并且及时关注更新内容，获得最新资讯，兴许能从中找到机会。下面讲 2022 年排名靠前的社交媒体网站，分析各大社媒的每月活跃用户（MAU，monthly active user）的数量。

8.4.1 Facebook

Facebook是最大的社交媒体网站,每月有超过20亿人使用它(图8-10)。全球用户占比大约为36.9%。超过2亿家企业(主要是小型企业)使用该工具,超过700万广告商在Facebook上积极推广产品,所以Facebook是众多消费用户所关注的平台,其用户比例也是最大的,平台内容格式以文本、图像、视频表现,它的算法会优先考虑引发人们之间对话和有意义互动的内容,尤其是来自家人和朋友的内容。

图8-10　Facebook页面展示

8.4.2 YouTube

YouTube(图8-11)是一个视频共享平台,有2亿月活跃用户。用户每天观看10亿小时的视频。除了作为第二大社交媒体网站,YouTube通常被称为仅次于其母公司谷歌的第二大搜索引擎,因此,很多品牌会使用视频营销来推广业务,在YouTube上即时发布相关信息。

8.4.3 Instagram

作为一个视觉平台,Instagram通过照片或视频展示产品或服务(图8-12)。Instagram有20亿月活跃人数。用户在该应用程序上可分享各种内容,格式有照片、

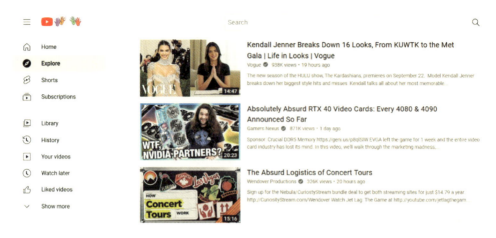

图 8-11　YouTube 页面展示

图 8-12　Instagram 页面展示

视频、故事、卷轴、直播视频等。

很多品牌创建了 Instagram 业务资料，提供丰富的资料，卖家通过流量和用户的互动也能获取最近火爆的产品信息等。

8.4.4 Tiktok

根据 Sensor Tower[①] 的最新报告,2021 年底全球 TikTok 用户平均每天花费 95 分钟,而在 YouTube 上每天仅花费 56 分钟。就花在社交媒体网站上的时间而言,TikTok 占据主导地位。用户的平均使用时间是 Snapchat 的四倍多,是 Twitter 的三倍,几乎是 Facebook 和 Instagram 的两倍。到 2022 年 7 月,TikTok 用户达到 10.23 亿用户(18 岁及以上)。Tiktok 页面展示见图 8-13。

图 8-13　Tiktok 页面展示

最近的 Upfluence[②] 数据显示,TikTok 上的参与率为 17.96%,Instagram 为 3.86%,YouTube 为 1.63%。超级影响者在 TikTok 上的参与率为 4.96%,Instagram 为 1.21%,YouTube 为 0.37%。此外,根据 2022 年 Social Insider 行业基准,TikTok 现在是最具吸引力的社交媒体平台,参与率中值为 5.96%。TikTok 的参与率不仅明显高于 Instagram、Facebook 和 Twitter,而且差距还在扩大。

TikTok 在大多数亚洲国家支持率急剧上升。它尤其在印度尼西亚(1.069 亿用

---

① Sensor Tower:提供业界领先的应用商店优化数据以及关键指标(用于实时监控应用的市场表现)。
② Upfluence:一个更智能的网红营销平台,可帮助品牌和机构在全球范围内扩大网红营销。

户)、越南(4960万用户)、菲律宾(4270万用户)和泰国(3950万用户)受欢迎,总访问量为2.656亿。这些数字只考虑了18岁及以上的用户,毫无疑问还有很多比这更年轻的TikTok用户。2022年TikTok覆盖率(对于18岁以上的人)最高的国家是沙特阿拉伯,该国拥有2237万18岁以上的用户,覆盖率相当于当地互联网用户总数的64.2%,其中有39.1%是女性,60.9%是男性。

在2020年欧洲有1.81亿TikTok用户。到2022年中,该平台现拥有2.2781亿欧洲用户。预计到2027年,这一数字将增长到2.81亿,这表明TikTok将稳步增长。2022年7月的一项研究显示,TikTok的参与率高于其他平台。该报告指出,影响者的平均参与率接近6%,而Instagram的平均参与率为1.41%。截至2022年4月,美国近一半的TikTok用户年龄在18—34岁之间,成为该平台最大的人口群体。TikTok的美国用户群中有17.7%是12—17岁的人,而2.5%的人年龄在11岁或以下。

根据皮尤研究中心①最近的一项调查,在青少年中,TikTok是第二受欢迎的社交媒体平台。67%的青少年每周至少使用一次TikTok,16%的青少年几乎一直使用。YouTube位居榜首,Instagram和Snapchat紧随TikTok之后。TikTok在不同收入阶层的人群中使用相对平均。收入低于3万美元的人中有22%声称使用过TikTok,收入在3万美元至5万美元之间的人中有29%使用过TikTok,收入在5万美元至7.5万美元之间的人中有20%使用过TikTok,收入在7.5万美元以上的人中有20%使用过TikTok。TikTok的美国用户中有37%来自收入在10万美元及以上的家庭。

据TikTok 2022年7月受众统计,TikTok的全球用户中有56.2%是女性,43.8%是男性。同样,大多数TikTok创作者都是女性(53.79%)。

根据2022年1月的报告,沙特阿拉伯有87.9%的成年人使用TikTok。阿拉伯联合酋长国以约81.3%的比例位居第二。科威特有75.4%的成年人使用TikTok,泰国有63.3%的成年人使用TikTok,卡塔尔有62.1%的成年人使用TikTok。TikTok在美国约有1.31亿人使用。

按照用户百分比划分年龄段的话,10—19岁的人占比32.5%,20—29岁的人占比29.5%,30—39岁的人占比16.4%,40—49岁的人占比13.9%,50岁及以上的人

---

① 皮尤研究中心:一个位于华盛顿特区的无党派美国智库,它提供有关影响美国和世界的社会问题、公众舆论和人口趋势的信息。

占比7.1%。

TikTok在未来几年将迅猛增长。2022年,65岁以上用户增长13.4%,0—11岁用户增长12.9%。目前在美国12—34岁的人中超过一半使用TikTok。

就受欢迎程度而言,根据浏览标签就可以判断市场的热点,比方说金毛猎犬是2022年TikTok上最受欢迎的品种,♯golden retriever浏览量达到了212亿次。德国牧羊犬以91亿的浏览量位居第二。♯Rotweiler拥有80亿次浏览量,位居第三。哈巴狗和法国斗牛犬分列第四和第五,浏览量分别为67亿和54亿。

8.5 选品软件

选择合适的软件来协助亚马逊选品更容易成功。以下选品软件作为亚马逊选品和研究工具,可供参考。这里只简单介绍,具体可以通过官网查看。

8.5.1 Helium 10

Helium 10(图8-14)软件包含多个亚马逊卖家工具,可找到排名靠前的关键字、识别趋势、监视竞争对手并优化产品列表。

8.5.2 Seller App

Seller App(图8-15)将用户变成产品研究专家,具有直观的功能、即时洞察力和智能的快捷方式。该软件可提供正确的数字和从最可靠来源获取的数据。

8.5.3 AMZScout

AMZScout(图8-16)与JungleScout非常相似,它们通过Web应用程序和Chrome扩展程序提供类似的功能,可以得出产品潜力得分、BSR(best seller rank,某一产品在某一品类下的排名)、月销售额、利润、当前库存水平以及多层次的竞争对手分析,无须进入产品页面,收藏有潜力的产品并返回比较。

图 8-14　Helium 10 软件

图 8-15　Seller App

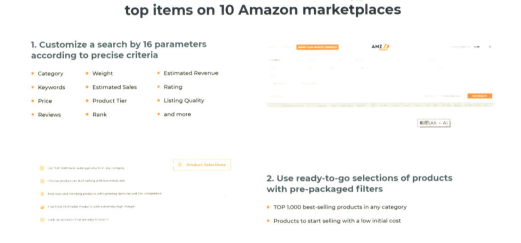

图 8-16　AMZScout 软件

8.5.4　Keepa

Keepa(图 8-17)是一款高效且易于使用的亚马逊价格跟踪工具。它提供每个亚马逊商品的价格历史图表、产品排名、价格下降和可用性警报、浏览器扩展、交易以及一个庞大且不断更新的产品数据库。它可用于分析和研究亚马逊的产品链接。

图 8-17　Keepa

8.6 新品众筹

众筹又称群众集资、公众筹款,是指个人或小企业通过互联网向大众筹集资金的一种集资方式。众筹是群众外包和替代金融的一种形式。众筹主要透过互联网展示宣传计划内容、原生设计与创意作品,并与大众解释通过募集资金让此作品量产或实现的计划。支持、参与的群众,则可由购买或赞助的方式投入该计划以实现计划、设计或梦想。在一定的时限内,达到事先设定募资的金额目标即为募资成功,筹资者可使用募得的金钱进行计划。

一般而言,众筹透过网络平台连接赞助者与提案者,用来支持艺术创作、设计发明、科学研究等各种活动,支持全球众多的梦想者和创造者。全球主要的众筹平台有Kickstarter(图 8-18)和 Indiegogo(图 8-19)。

图 8-18　Kickstarter 页面

这两个平台不同于一般电商平台,本质上是为新发明、新创造、新设计、新技术搭建的一个创新平台。这个平台上很多产品在设计、体验、技术方面与市场上其他的产品明显不一样,因为这些平台是创新者的集聚地,平台呈现的基本上是市场的首发产品,所以这两个平台上架的新产品反映了最新的科技和行业动态。

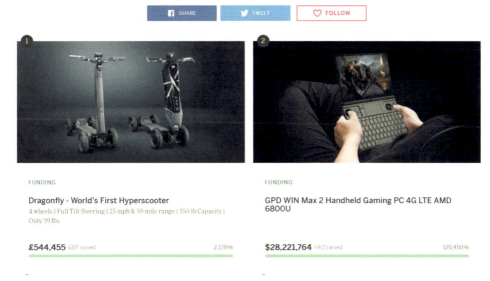

图 8-19　Indiegogo 页面

8.7　全球展会

知名的全球展会是整理供应链和快速选品的极佳机会。如果广交会参展商展出了许多机器人真空吸尘器，那么机器人真空吸尘器在接下来一年一定是市场的火爆品类。如果在深圳的全国工业设计展会大部分设计公司都在设计脱毛仪，那么这个产品基本上即将是红海的类目，据此可以判断接下来的一年市场如何变化。国内的展会主要体现了供应链的变化。

国外的展会主要体现在产品创意和新颖设计上。比如说我在 2014 年参加了英国伦敦的百分百设计展，看到了 LED 的 3D 灯，这种灯具让我眼前一亮，很有新意。这是此类型的灯首次展现在大众面前，多年后，此类灯具市场已成熟，显然成了非常受欢迎的产品(图 8-20)。

全球知名的展会有很多，重点关注美国、德国、日本、意大利、法国、英国、中国等地长期举办展会的城市和展览中心。主要的展会有意大利米兰国际家具展、德国科隆国

图 8-20　LED 灯 2014 年首次在展会出现（左图）和 2022 年亚马逊平台此类灯具（右图）

际家具展、美国高点家具展、国际消费类电子产品展览会、德国科隆国际食品展、德国法兰克福车展、日本关西大阪世博会、西班牙巴塞罗那全球海鲜市场、伦敦设计周等。

第 9 章

选品的其他注意事项

经常有亚马逊卖家提出这样的问题：

"我是做某某食品的工厂,这个产品在国外非常受欢迎,我可以放到平台上去卖吗？"

"我是做电池的供应商,我们线下出货已经非常好,我们可以放到平台上去卖吗？"

卖家认为某个产品有非常好的市场,但不代表可以线上销售,因为还需要熟悉平台的各项规则。有些品类是受到了限制,还有的品类面临各种认证的问题。

9.1 受限产品

在亚马逊上要取得成功,选品要选对方向。找到合适的产品就成功了一大半。

在经过数天研究可行的产品后,如果产品需求量大,竞争小且利润高,但属于亚马逊的限制类别。在这种情况下,卖家可能认为最好不要销售此类产品以避免麻烦,但这可能恰恰是机会,因为其他卖家也可能会考虑到亚马逊限制类别审批所涉及的额外工作或风险而放弃此品类,那么此类产品就是一个销售机会。新手卖家需要谨慎,受限产品对于有经验的亚马逊从业人员也许是很好的机会。

如果卖家准备销售利润丰厚的产品,但它属于亚马逊的受限产品,那么在没有先采取适当步骤的情况下,可能会带来高昂的成本。以下是有关亚马逊受限商品的信息,教卖家如何销售其中的一些商品。

什么是亚马逊受限产品？

亚马逊受限产品是指亚马逊根本不允许卖家发布或要求卖家申请批准才能销售的产品。这包括在某些地理区域面临法律限制的产品,例如酒类和赌博用品。它也适用于那些有一定安全要求的产品,例如汽车零部件和食品。

亚马逊希望确保不违反法律法规。对于卖家来说,这意味着必须谨慎,不要让页面内容给平台或自己带来麻烦。如果卖家有意或无意地在没有正确许可的情况下发布受限产品,可能会影响继续在平台上销售的能力。

乍一看,亚马逊受限产品类别列表很长。卖家可以在亚马逊的受限产品页面找到包含指向每个类别更多详细信息的链接的列表,以下是需要了解的主要类别。具体见亚马逊官网。

动物和动物相关产品

汽车用品

合成木制品

化妆品和护肤/护发用品

CPAP 清洁和消毒器械

货币、硬币、现金等价物和礼品卡

膳食补充剂

药物和药物用具

电视/音响

爆炸物、武器及相关物品

出口管制

食品和饮料

危险品和违禁品

珠宝和宝石

激光产品

灯具照明

开锁和盗窃设备

医疗器械和配件

冒犯性和有争议的商品

杀虫剂和杀虫剂设备

植物和种子产品

召回的产品

回收电视/音响类商品

监控设备

烟草及烟草类商品

质保、服务方案、合约和担保

软垫家具、床上用品和其他纫缝产品

在其中一些类别中,受限制的内容很简单。对于保修或订阅之类的东西,只需确保先通过亚马逊的批准流程即可。

对于其他某些类别,内容会复杂很多。例如,对于化妆品和护肤品,有一份违禁成分清单以及卖家必须遵守的有关包装和标签的规定。除了上面的列表,亚马逊还有更模糊的"其他受限产品"类别,其中包括从房地产到邦联国旗纪念品的多种产品类型。

卖家不想违反任何规则,该如何避免意外销售受限产品?受限产品的类别列表很长,而且每个类别的解释可能都很复杂。卖家肯定不想在开始销售产品的时候无意中陷入与亚马逊(或法律)的纠纷。为避免无心之失,可以采取以下四个明智的步骤。

1. 了解所销售产品领域的法律法规

卖家不必记住上面列出的每个产品类别的法律细节,但肯定需要熟悉那些包含卖家销售的产品的法律细节。任何亚马逊卖家在具有监管要求的类别中发布产品,如食品、化妆品或膳食补充剂,都需要真正熟悉与列出的每种产品相关的规则。遵守法律是遵守亚马逊规则的第一步。

2. 聘请法律顾问

法律并不总是保持一致,所以如果卖家不掌握事情的最新进展,不知道现在允许的事情在以后不被允许,将陷入困境。这就是聘请法律顾问的作用。聪明的卖家应该聘请一位律师来及时了解法律法规,并确保在事情发生变化时能够快速学习。

3. 确保获得产品的批准

区分非法产品很重要,卖家所选定的产品只是亚马逊上的一种受限产品。对于其中许多产品类别,只要卖家先获得亚马逊的许可,就可以发布受限产品。在这些情况下,只需确保在亚马逊上销售商品之前清晰了解申请批准的步骤即可。

4. 留意产品召回

如果卖家销售的产品被召回,卖家有责任了解召回情况并删除不安全版本产品的列表。

对于需要亚马逊事先批准才能合法销售的受限产品,流程相当简单。如果该产品是亚马逊数据库中已有的产品:

(1)登录卖家中心账户,在主页上选择目录,然后选择添加产品;

(2)搜索要出售的商品,然后选择商品旁边的"显示限制"链接;

(3)单击"申请出售"按钮,然后按照提示的步骤进行操作。

找到有关从何处开始申请批准流程的链接,该流程基于产品所属的类别。如果卖家想销售亚马逊未列出的新商品,可以在亚马逊的"需要批准的类别和产品"页面进行操作。

9.2 关于电池的产品

关于带电池的产品,需要注意以下事项:对于亚马逊平台独立销售圆柱形锂离子电池,型号有14500、16340、18650、20700、21700和26650,其中包括可能造成安全问题的圆柱形锂离子电池,禁售政策的区域有美国、加拿大、澳大利亚、日本、欧洲。

9.2.1 美国、加拿大、澳大利亚站

亚马逊禁止销售所有包含受限型号电池的产品,或者在页面中宣传其包含受限型号电池的产品(即使电池不包含在产品中)。

1.包含受限电池的产品

如果平台发现此类产品,卖家进行申诉时官方不接受申诉。

2.包装中实际未包含受限电池

如果包装中实际未包含受限电池,但在产品详情页或图片的宣传中包含一个或多个受限电池,产品将会被禁止销售,但可以通过以下方式提出申诉:

(1)移除所有关于产品包含受限的独立圆柱形锂离子电池的营销宣传;

(2)更新产品详情页/产品图片,添加明确声明,即该产品不销售受限独立圆柱形锂离子电池,同时在产品详情页上把"产品不售卖独立圆柱形锂电子电池"作为第一产品要点。

3.内置自组装的受限电池组的产品

如果电池未封闭/包裹,单个电池被拆卸,将会被禁止销售且没有申诉路径(图9-1)。

如果卖家认为ASIN被错误下架了,请根据售卖的站点,联系所属的卖家支持团队或按照卖家收到的亚马逊电子邮件通知中的说明或指示提供详细信息进行申诉。

亚马逊北美团队申诉邮件为highrisk-electronicsafety@amazon.com;

亚马逊澳大利亚团队申诉邮件为highrisk-electronicsafety@amazon.com.au。

我们通过场景来说明产品的受限问题。

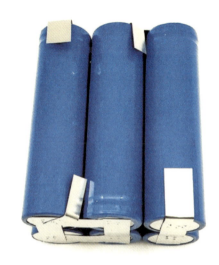

图 9-1　电池内置自组装受限电池

场景 1

如果产品是一个头灯,带受限独立圆柱形锂电池(图 9-2),而且产品页面标明携带该电池,是否允许销售?否。根据亚马逊禁售规则:带有独立受限电池的产品不允许销售。如果产品是一个头灯,售卖时不带受限独立圆柱形锂电池,是否允许销售?可以。产品若不含禁售型号电池,请留意:

图 9-2　头灯

(1) 删除所有该产品包含独立圆柱形锂离子电池的营销声明;

(2) 在产品详情页面中增加明确说明该产品不售卖受限独立圆柱形锂离子电池的声明。

如果产品是一个头灯,带了受限独立圆柱形锂电池,但去掉了产品相关描述,是否允许销售? 不可以。所有包含独立受限电池的产品都禁止在亚马逊美国、加拿大、澳大利亚站上销售。

场景 2

产品包含相关型号的受限锂离子电池,根据当地法律通过了 UL 等实验室要求的测试,可以在亚马逊美国站销售吗? 不可以。亚马逊美国站、加拿大站、澳大利亚站,不允许销售独立受限锂离子电池,即使产品带有电池的测试报告。这些受限锂离子电池不得单独出售或与产品一起出售。

场景 3

产品内置电池组,是否可以售卖? 亚马逊如何定义独立销售的受限电池? 产品是内置的电池组,是否可以卖? 独立销售的受限电池是指在电池组件之外销售的单个/独立电池或者跟设备(如充电器、电池盒等)一起售卖的受限电池(图 9-3)。这类产品禁止在亚马逊销售。

如果产品是内置电池组(图 9-4),可销售,仅当封闭/包裹受限电池以防止单个电池被拆卸时的内置电池组是可售的。

9.2.2 日本站

亚马逊政策:亚马逊日本站禁止单独销售 18650、14500、16340、20700、26650、21700 型号的圆柱形锂离子电池,且不可申诉。

只有在商品附带的电池数量不多于其供电必需的电池数量时,才可以在亚马逊售卖。亚马逊禁止销售包含额外和备用圆柱形锂离子电池的商品,也禁止单独销售圆柱形锂离子电池。

如果卖家认为自己的 ASIN 被错误下架了,请根据售卖的站点,联系所属的卖家支持团队提出申诉。若产品是需要 2 节受限型号电池供电的手电筒(图 9-5),手电筒跟 2 节电池一起销售,但电池没有安装在手电筒内,是否可以在亚马逊日本站销售? 如果允许销售,应该提交什么文件? 答案是可以销售。只有在商品附带的电池数量不

图 9-3 独立电池/产品内置电池组

多于其供电必需的电池数量的情况下才允许销售。需要提交日文产品说明书。

如果销售的产品带有受限电池制成的自组装电池组,并且没有封闭和包裹以防止单个电池被拆卸,是否可以在亚马逊日本销售?受限电池制成的自组装电池组禁止销售(图 9-6)。

除非包含保护电路并可以防止拆卸单个电池(图 9-7)。

使用自组装受限电池组的产品,如果电池数量与产品供电必需的电池数量相同或更少,允许销售。卖家需要提供日文的产品说明书。卖家可点击链接查看日本站帮助页面。

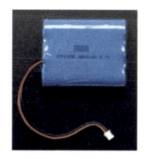

图 9-4　内置电池组

图 9-5　手电筒

9.2.3　欧洲站

亚马逊欧洲站禁止单独销售 18650、14500、16340、20700、26650、21700 型号的圆柱形锂离子电池,且不接受申诉。如果卖家认为自己的 ASIN 被错误下架了,请根据售卖的站点,联系所属的卖家支持团队提出申诉。包含 18650 或其他上述受限锂离子电池(包装内预安装或外部电池)的产品是否会被亚马逊欧洲站限制?产品应该满足哪些要求?

包含受限电池的产品在符合当地法律法规和适用于这些产品的亚马逊政策的情况下允许销售。

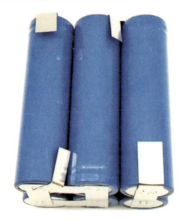

图 9-6　受限电池制成的自组装电池组

图 9-7　防拆卸单个电池

欧洲站帮助页面：

https：//sellercentral.amazon.co.uk/gp/help/external/201744010？language＝en_GB/

锂电池产品要求的页面：

https：//sellercentral-europe.amazon.com/gp/help/external/G200383420？language＝zh_CN

如果卖家选择的产品涉及以上规定范畴,那就需要慎重考虑,相关更多的电池限制问题,卖家可以直接登录亚马逊页面进行查询,因为政策是时常更新的,请查看最新的信息。

近年来出台的关于电池的政策越来越多,除严抓电池产品的合规性外,德国还严格要求卖家注册电池法,对电池、带电池产品进行回收。

9.3 关于需要 FDA 认证的相关产品

需要 FDA 最多监管的类别(烟草产品、药物、生物制品、动物药物和食品)被完全禁止或需要特别许可才能在亚马逊上销售,在亚马逊上销售化妆品需要多长时间才能获得批准呢?化妆品属于亚马逊的门控产品类别。需要2~4周审核账户,然后才能在亚马逊销售化妆品。但是,卖家必须满足一些特定要求才能获得亚马逊的批准。

在亚马逊销售美容产品如何获得批准呢?确保一致性和长期成功的一些必须遵循的步骤有哪些?如果这方面做得好,这可能是一项非常有利可图的具备销售潜力的品类类目。

根据 eMarketer 的数据,化妆品(亚马逊美容和个人护理品类下的一个子品类)是增长第三快的品类,仅次于食品饮料和服装配饰(图 9-8)。

曾经在网上零售中非常有限的化妆品子品类,在获得平台推出后表现出巨大的增长,并在短时间内获得了需求的增长。

亚马逊将美容产品分为以下子类别:皮肤护理、化妆品、头发护理、口腔护理、香水、工具和画笔、男士美容、沙龙和水疗中心、专业护肤等(图 9-9)。这些特定的子类别确实有助于买家和卖家具体了解商品,并使卖家更容易了解平台品类的过程。

美容产品,特别是化妆品,已经显示出巨大的市场,亚马逊上美容产品的销售数据逐年增长,这不容置疑,但在亚马逊上销售美容产品并不容易,一般来说,超过90%的化妆品都是品牌产品。原因是化妆品是涉及化学品和实验室研发的产品。

拥有大量资金的公司负担得起研发的费用,因此他们在营销这些产品上花费了大量资金。推广得好的产品总是卖得好,人们总体上会购买这些大品牌销售的美容护理产品。没有人愿意冒险用一些不起眼的品牌。但是如果卖家有一个自有品牌,很可能

图 9-8　化妆品类目

图 9-9　化妆品类别

会很好地销售美容产品并从中赚取巨额利润,卖家需要确保卖得好才能赚得多。总之,如果卖家拥有自有品牌并且过去有销售美容产品的经验,那么产品有可能畅销。如果卖家只是想零售,考虑到与亚马逊相关的成本和其他费用,利润将非常少,甚至只将其视为一项简单的业务。在亚马逊上单纯卖货不做任何推广或不具备品牌基础,基本上不可能畅销。

在亚马逊上销售美容产品有哪些要求?亚马逊对销售美容产品的要求和限制非常严格。以下是在亚马逊上销售化妆品必须满足的要求:

(1)必须确保化妆品必须密封在原始制造商的包装中;

(2)确保产品是新的和未使用的;

(3)化妆品必须在包装显示制造商或分销商的识别代码,即矩阵代码、批号和序列

号;

(4)产品所需的标签信息(图9-10)。

图9-10 化妆品包装

化妆品标签和详情页应使用英文标注,并附上以下数据。

(1)产品名称、产品用途、化妆品的含量,以重量、尺寸、计数或组合表示,成分表、制造商、包装商或分销商的名称和地址、任何必要的标签警告。

(2)除非FDA批准该声明,否则化妆品标签和详细信息页面不得声明产品可以治愈、减轻、治疗或预防疾病。除非化妆品经FDA批准使用FDA标志,否则不得声明该化妆品已"获得FDA批准"。亚马逊明确禁止某些化妆品,例如矫正和美容隐形眼镜等,相关禁止的产品请登录官网进行查询。

如何在亚马逊上获得销售美容产品的批准呢?在卖家申请获得销售美容产品类别的批准之前,需要确保满足以下条件:

(1)Pro-Merchant状态;

(2)订单缺陷率必须低于1%,否则将无法提交申请;

(3)如果履行前取消率得分低于2.5%,那么就可以申请了;

(4)订单的延迟发货率不得高于4%。

满足条件后,卖家必须向亚马逊证明自己是一家正常运营的合法企业,可提供商业发票作为证明。当卖家收集发票时,请务必在此处检查每件商品,发票抬头名称一定要与售卖产品的名称一致,若有可售产品则每个类别的可售数量必须超过10。

卖家可以尝试在亚马逊上以全新卖家的身份申请类目批准。如果卖家有在亚马逊上销售的经验,一定会获得批准。新卖家申请类目批准,应拥有一个已建立的免费电子商务网站(独立站或品牌官网),亚马逊可以对其进行审核,作为其批准参考的一部分。因此,亚马逊新手卖家最好开始在无受限的品类中销售商品,以积累销售经验,熟悉运营流程。

对于未在亚马逊上销售的品牌产品,申请类目或子类目批准时,一旦审核成功,卖家就可以销售。如果申请销售已经在亚马逊上上架的产品,申请过程将更加顺畅。确保发票日期在最近90天内,发票日期越近越好。

提交类目申请后,卖家应该附上采购订单的实际发票单据,在卖家申请时作为货物的真实凭证,在提交的发票单据中的每件商品名称旁边写下ASIN。不要提交采购订单数字副本。确保提供的是正规可查询的商业发票。中国企业注册的卖家应提供官方的正规发票。发票上列出与公司相关的完整资料(名称、地址、电话号码、网址),并确保它与亚马逊卖家中心账户中的内容相同。如果两者之间有任何差异,审核批准都有可能出现问题。

9.4 家居用品品类合规认证

9.4.1 美国站

美国区域的家居产品需要遵循以下认证。

1. FCC 认证须知

概念:美国FCC认证全称是Federal Communications Commission,于1934年由Communication Act建立,是美国政府的一个独立机构,直接对国会负责。FCC通过控制无线电广播、电视、电信、卫星和电缆来协调国内和国际的通信。

无线电相关产品需要做FCC认证。产品认证是FCC规定的详细和正式的流程,测试必须由经认可的实验室进行,需要认证的产品包括蓝牙设备、无线电、WLAN和大多数其他有意辐射器(通过辐射或感应产生和发射射频能量的设备,包括大多数 Wi-Fi、3G、4G、5G、蓝牙、LTE 或有源 RFID 设备),测试完成后,正式提交给电信认证机构(TCB)或直接提交给 FCC,认证的文件归档。

FCC 认证的品类如下。

(1)灯具类产品需要做 FCC 认证:包括 LED 灯具、LED 屏、LED 电源等。

(2)家用电器设备、电动工具需要做 FCC 认证:包括空调、冰箱、电池、洗衣机、小功率电机等电子电气产品。

(3)个人电脑及其周边设备需要做 FCC 认证:包括个人电脑及显示器、电源适配器、鼠标等。

(4)音视频产品需要做 FCC 认证:包括电视机、机顶盒 DVD/VCD 播放器、MP3 播放器、家庭音响等灯具。

(5)无线产品需要做 FCC 认证:包括蓝牙、无线遥控开关、无线鼠标和键盘等无线设备等。

(6)通信类产品需要做 FCC 认证:包括电话、2G/3G/4G 手机、对讲机等。

(7)玩具类产品需要做 FCC 认证:包括金属玩具、塑料玩具、木玩具、竹玩具、布绒玩具、纸玩具和电子玩具。

(8)安防产品需要做 FCC 认证:包括警报器、安防产品、门禁、监视器、摄像头。

FCC 测试标准的分类如下。

一般来说,FCC 把管制的产品按用途划分为 A 类和 B 类:A 类为用于商务或工业的产品;B 类用于家庭的产品。FCC 对 B 类产品要求更严格,限值低于 A 类,对于大多数的电子电气产品而言,主要标准是 FCC Part 15 和 FCC Part 18。

FCC 标准适用范围如下。

(1)FCC Part 15C/E/F 意图辐射装置测试;

(2)FCC Part 18 工业、科学以及医学设备;

(3)FCC Part 22 公共移动通信服务;

(4)FCC Part 24 个人通信服务;

(5)FCC Part 25 卫星通信服务;

(6)FCC Part 27 其他 FCC 无线通信服务;

(7)FCC Part 68 电信终端设备;

FCC Part15 对于有意的、无意的或者瞬时的并且在使用中无需个人许可证的发射设备做出了规定,它包括技术规范、行政要求以及其他市场准入条件。

FCC 制订法规的目的是减少电磁干扰,管理和控制无线电频率范围,以保护电信网络、电器产品的正常工作。FCC 还会根据联邦政府制定的环境法规,以及新的研究成果(类似电磁辐射对人体的影响之类的)来调整自己的认证标准,以保证用户的安全和环境的可持续发展。

2. DOE 认证须知

概念:美国能源部(Department of Energy)简称 DOE。DOE 依据美国能效相关法规颁布了 DOE 认证。

DOE 认证主要针对小家电,涉及电器相关产品。DOE 颁布 DOE 认证的主要目的是节能减排、帮助用户节约电能,从而达到降低能耗要求、减少温室效应等作用。现在所有在 DOE 认证范畴内的产品都需要满足最新法令法规的要求。

DOE 认证主要涵盖的产品如下。

充电器类:蓝牙耳机、蓝牙音响、运动手环、手机、平板、车载 DVD、MP3、MP4 等带小容量电池的产品。

电源适配器:平常使用的手机、平板等的充电器。目前电源适配器 DOE 强制要求满足 6 级能效要求的有电视机、锅炉、电冰箱、冷藏柜、吊扇、洗衣机、中央空调和热泵、烘干机、布垫圈、计算机和电池备份系统、除湿机、直接加热设备、洗碗机、冰柜、烤箱、微波炉、其他制冷设备、游泳池加热器、便携式空调、房间空调、机顶盒、热水器等。

9.4.2 欧洲站

欧洲区域需要遵循 CE、RoHS、WEEE(适用于电子电器产品)、食品接触材料(Regulation ECNO.1935/2004)。CE 标志是制造商应用于商品的自认证标志。CE 标志表明商品符合欧洲经济区的健康、安全和环境保护标准。并非在欧洲经济区销售的所有商品都需要具有 CE 标志,需要具有 CE 标志的常见商品包括玩具和游戏产品、电视/音响、个人防护装备、机械、建筑商品、燃气设备、休闲和私人船艇、压力容器以及测量设备。卖家可以在以下链接找到需要具有 CE 标志的商品的完整列表,以及有关制造商粘贴 CE 标志所需采取的步骤:https://ec.europa.eu/growth/single-market/ce-marking/manufacturers _ en; https://europa.eu/youreurope/business/productrequirements /labels-markings /ce-marking /index_en. htm。

如果卖家销售电器或电子设备,则可能需要遵守欧洲关于收集和回收电器或电子设备废料的电器与电子设备废料指令,以及实施这一指令的国家/地区法律。

有害物质限制(RoHS)指令:指令 2011 /65 /EU 限制了某些有害物质在电器与电子设备中的使用,旨在推动对电器与电子设备废料进行回收和弃置。为了实现这一目标,RoHS 指令限制在此类设备中使用某些有害物质。

9.4.3 日本站

需要遵循电气设备与材料安全法、无线电波法(适用于无线电波产品)。同时,日本食品卫生法要求产品不得含有对人体造成危害的有毒有害物质,并设置相应的检验标准,只有通过了检测和检验才能将产品出口到日本并进行销售,日本厚生劳动省(日本负责医疗卫生和社会保障的主要部门。厚生劳动省设有 11 个局 7 个部门,主要负责日本的国民健康、医疗保险、医疗服务提供、药品和食品安全、社会保险和社会保障、劳动就业、弱势群体社会救助等)也会依据相应标准进行管控。具体要求可以参考卖家平台。

了解更多合规信息可咨询专业机构,或参考各站点合规说明(限制商品、产品安全、亚马逊物流危险品等)。请参考网址:https: //gs. amazon. cn /policy /product-safety. html。